優渥叢書

華頓商學院 必學 衝突教練の 說話課

學會 **14** 個高 EQ 溝通技巧，
用一分鐘讓全世界都聽你的！

U0072589

張心悅◎著

目錄

| 第 3 章 |

面對衝突時，轉個想法， 就能讓人聽進你的話

|第 4 章|

高EQ的溝通技巧，
讓你在什麼場合都無往不利

前 │
言 │

所有的溝通、衝突難題，
本書幫你一一解決！

　　2008 年，我在百度負責電話行銷團隊的培訓工作。這個團隊近兩千人，流動性很大，每個月都有 300 位新人入職。我的工作是把這些毫無銷售經驗的新員工，迅速培養為有效達成交易的電話銷售人員。

　　從那時開始，溝通訓練成為我的功課。我和團隊基於大量的一線工作經驗，構建了一套談話體系，並根據戴爾的經典銷售模型，開發了百度的「電話銷售五步法」課程。這些課程有重要的訓練價值，讓員工能掌握最基本的「談話套路」。

　　但之後業務部門對入職人員的「成交率」提出新的要求，我們發現只靠「套路」說話遠遠不夠，銷售人員還需

具備隨機應變的能力。而擁有這一能力的人必定情商高、會傾聽、能準確做出判斷、能控制情緒，能有效把握時機且因人而異表達。繼而，我們引進了耶魯 EQ-i 的情商訓練並取得了顯著的效果。

從心理學專業領域尋找答案

但是仍存在一些阻礙，有 15% 左右的受訓人員明顯被更大的問題困擾。例如，「網路真的有這麼大的價值嗎？」「你讓我們和客戶做朋友，可是我能賺朋友的錢嗎？」「企業來購買這個產品，價格會不會太高？」這些影響成交的困擾涉及「談話信念」，源自每個人的思維方式、價值觀和深層信念系統。

另外，還有 5% 左右的受訓人員，他們的性格特點明顯不適合高強度的銷售工作。他們對「拒絕」的耐受程度低，對於「目標感」不感興趣，其內在驅動力中不包括渴望對他人施加影響。這些都是很難經由訓練改變的人格特質，我稱其為「談話心智」，而日常的企業內部培訓，很難深入這些層面。

我帶著這些尚未解決的溝通問題，轉至心理學領域深造，繼續尋找答案。之後，我跟隨徐凱文博士完成了對精神動力治療和心理危機干預的學習，取得了心理諮詢師的

執照，成長為管理諮詢顧問和臨床心理諮詢師。我鑽進「潛意識」的冰山之下，去尋找溝通訓練的終極答案，試圖找出提升談話套路和談話能力的因素，與提升談話信念、談話心智的解決方案。

2013 年，經歷國際航空公司的頭等艙溝通課程開發、宜信集團中層管理幹部溝通輪訓、大慶油田代際溝通課題研究等管理諮詢專案之後，我的心智溝通課程在第一屆好講師大賽中，獲得了企業肯定，把溝通訓練縱深引入心智領域。2015 年開始，我在日本電裝公司進行「擔當層級」「一對一」的深度談話訓練，在課程中加入工作坊、結構性心理團體、教練模式，經由溝通訓練改善學員從內至外的心智，至今這個項目的受訓人員已經超過 500人。

在大量實踐中，涉及深度談話信念、談話心智改變的「互動式對話 © 模型」，也在 2019 年 10 月完成了版權註冊，並在獵聘網平台首次發佈。至此，我終於把語言背後的秘密一一揭開，探索至心靈深處。

以 14 個關鍵切入，有效提升溝通能力

為了能讓更多人參與溝通訓練，並經由語言的整理獲得內在心靈的全新成長，我接受出版社的邀請，開始嘗試

用寫作和線上課程的形式，推廣這種有效的說話系統。此外，我本人關於書寫訓練的心理學圖書和團體課程，也陸續上市與上線。溝通向外，書寫向內，我把溝通課定義為「語言的整理」，而把書寫定義為「心靈的整理」。

這本書，是一次總結。我循著溝通訓練一路走來，精選了 14 個既是重點又是熱點，也是我的學員在訓練中最常問的話題，對其剖析和解讀。有些是有關「談話套路」；也有一些涉及「談話能力」，這裡的談話能力主要是指談話情商；也有講解更具深度的「談話信念」，此部分涉及思維方式和價值觀的改變；還有一部分內容，涉及更內在的「談話心智」。這些問題既相互獨立，也彼此關聯。

讀完本書後，你會發現，即使最簡單的「搭訕套路」也涉及情緒管理、價值觀調整，也更需要你的內心具備欣賞能力。談話的「術」和談話的「道」並非分而治之，而是需要內外兼修、知行合一。

為了方便大家解決實際問題，我按照溝通的目標劃分情境，確定了本書的篇章，這些溝通的目標，循序漸進，由易到難。大家既可以挑選自己最關心的問題，閱讀某一部分內容，也可以連續閱讀。

這 14 個問題，就好像我曾經腳步匆匆，在海岸線上拾起的一顆顆貝殼。它們各具姿態，又遙相呼應。也許，

某一顆會引領你，經由語言之「貝」，開始探索和遨遊心靈之「海」。

這本書，也是一個全新的開始。十年溝通訓練，我開始走出企業培訓的課堂，進入大眾的視野。感謝陪伴過我的所有學員，是你們教會我如何講話。願我們在未來更寬廣的人生裡，再次重逢。

第 1 章

說話前準備 3 件事，
讓溝通衝突少一半

方法1

用心傾聽，
是雙向溝通的第一步

　　密西根大學社會研究所的一項調查顯示，在有青少年的家庭中，父母與孩子每天交流的時間平均只有 14 分鐘，並且當中有 12 分鐘是用來討論「晚飯吃什麼」「功課怎麼樣」「今晚誰用車」等話題，真正交流和增進感情的時間，只有剩下的兩分鐘。在另一項研究中，針對4500名被調查的女性，被問及配偶令人最生氣的事情是什麼時，有 77% 會回答：「他們不聽我說話。」

　　也有美國研究者調查指出，美國白領階層的有效傾聽率平均僅為 25%。此外，科學家曾對一批推銷員進行追蹤，發現 10% 業績最好的人和 10% 業績最差的人，業績的巨大反差與其是否善於傾聽關係密切。那些業績最好的推銷員，平均每次推銷只說 12 分鐘；而那些業績最差的推銷員，平均每次推銷長達 30 分鐘以上。

說得多，自然就會聽得少。在一項社交實驗中心理學家發現，在對話中那些說話時間占 80%，而傾聽只有 20% 的人，是最不受人們歡迎的一群。

傾聽的秘密

1. 認知篩檢程式和情感觸發器

溝通中，每個人的傾聽都會受到文化背景、生活經歷、人生態度、知識結構、交際習慣等方面影響。個性、壓力、需求、偏見、幻想等因素，使每個人在傾聽時，都會擁有一個非常個性化的「認知篩檢程式」。我們會把每條訊息都在自己的程式中篩檢一遍，所以你真正能聽到的，很可能已經不是別人原汁原味的發言。

此外，在傾聽中每個人還都會有「情感觸發器」，它會對我們聽到的「語言」進行各式各樣的聯想和情緒反應。因此同樣一句話，每個人聯想的人事物都不盡相同，引發的感覺也不一樣，有時候會對某些話題特別反感，有時候又過度地認同某些話題。而往往這些時候，也是你最容易偏離客觀的時候。

2.「說清楚」和「去體會」

人類學家愛德華‧霍爾（Edward T. Hall），把文化分為低情境和高情境，並且描述了不同的文化背景下，人們是如何進行溝通的。在低情境文化中，溝通者會盡可能清晰地傳遞訊息，所以他們的訊息通常較長、較確切，也會闡述得詳細且具體。

而在高情境文化中，溝通者會認為比起經由語言去傳播訊息，更多的訊息應該包含在溝通的背景中（普遍的社會規則）和溝通者自身的感覺裡（言外之意）。所以他們溝通的訊息會較短、不夠確切。

在高情境文化中，大家更喜歡有默契、心照不宣和不言自明的溝通。所以在高情境文化中，「聽懂言外之意」被認為是傾聽者的責任。而在低情境文化中，則恰恰相反，說話的一方，要負起準確清晰表達的責任，也就是說，他們要負責把話說清楚。

所以，當生活在低情境文化中的人，過度詳細陳述事實、證據和觀點的時候，生活在高情境文化中的人，可能會感覺自己被攻擊了，認為對方故意顯出高高在上、咄咄逼人。而如果生活在高情境文化中的人，把話說得很簡短、很婉轉的時候，那麼生活在低情境文化中的人，也很可能會感覺到不太被重視。

3. 男性找答案，女性聽感覺

　　男性和女性在傾聽時的重點非常不同。男性的傾聽傾向聽事實，而女性傾向於關注溝通中的情緒問題。女性的注意力容易被人所吸引，而男性則偏好事件和物體。女性傾向於去聽一條訊息背後的訊息，特別是情感的部分。而男性則傾向於按照自己的目標，重新組織聽到的訊息，以便快速地尋找解決方案。

　　男性在傾聽中，還會顯得比較「簡單」，他們把「嗯」「哦」之類的回應等同於對方表示同意；而女性則把這樣的回應理解為，對方只是在聽而已。

　　這些差異在我們很小的時候就已經存在：小女孩傾向於找一個她最好的朋友分享秘密，而小男孩則更願意加入團隊去玩耍和競爭，這對他們來說，實際的行動遠比去說什麼重要。

你是一個好的傾聽者嗎？

　　A. 非常符合，我一向如此。

　　B. 傾聽很重要，我基本上都有做到。

　　C. 我偶爾會注意這點。

　　D. 我還沒有考慮過這個問題。

請根據以下的實際情況，對應上述的 A～D 選項，看看自己在傾聽中的表現。

1. 力求聽取對方講話的實質，而不是字面上的意義。
2. 以全身投入的姿勢，表達有認真聽對方說話。
3. 對方說話時不插話、不打斷。
4. 不會一邊聽對方說話，一邊考慮自己的事。
5. 聽批評意見時不激動，耐心地聽對方把話說完。
6. 即使對別人的話不感興趣，也會耐心聽完。
7. 不會因為對說話者有偏見，而拒絕聽某人說話。
8. 即使對方並不專業，也會持稱讚態度，認真聽完。
9. 因某事而情緒激動或心情不好時，會避免把自己的情緒發洩在他人身上。
10. 聽不懂對方的意思時，利用有效提問的方法來核實他的意思。
11. 經常確認談話內容，證明你準確理解其想法。
12. 鼓勵對方表達自己的想法。
13. 利用重述內容，避免曲解或遺漏對方的訊息。
14. 避免只聽你想聽的部分，關注對方的全部想法。
15. 以適當的姿勢，鼓勵對方把心裡話都說出來。
16. 與對方保持適當的目光接觸。
17. 既聽對方說的話，也注意對方所傳達的情感。

18. 與人交談時，會居於對方感到舒適的位置。

19. 能觀察出對方的言語和內心真實想法是否一致。

20. 注意對方的非語言訊息。

　　上述 A 或 B 選項的部分，是你在傾聽中表現出色的地方，請繼續保持。至於 C 甚至 D 選項的部分，是在今後的溝通中，需要有意識地改善的地方。

(1) 傾聽自檢表：態度

　　你都是以哪種態度來傾聽呢？利用以下的自檢表，看看自己有什麼需要注意或改進的地方。

表 1-1 ▶▶ 態度自檢表

無效的傾聽	有效的傾聽
評價：以自身的觀點來判斷、指責、評論他人	中立：經由提問獲得具體的訊息
控制：試圖改變他人的觀點，不給他人選擇的餘地	尊重：對方可保留自己的觀點，是可選擇的
建議：教別人怎麼做，給別人答案時常用「應該……」	支持：給予理解和支持，且有啟發性
奪權：常說自己喜歡的話題	共情：能夠理解對方的感受
輕視：持著高人一等的態度，例如「我比你更有經驗」「這件事不值一提」	平等：尊重對方，相信對方能夠找到適合自己的解決辦法

(2) 傾聽自檢表：非語言訊息

你傾聽的時候，都是呈現什麼姿態呢？利用以下的自檢表，看看自己有什麼需要注意或改進的地方。

表 1-2 ▶▶ 非語言訊息自檢表

防禦的非語言訊息	安全的非語言訊息
●向後靠或歪著坐。 ●把臉撇開，不看對方。 ●保持不安的姿勢，如抖腳。或防禦性的姿勢，如雙臂交叉。 ●拉開自己與對方的距離，或侵入對方的私人空間。 ●目光遊離、四處張望，或盯著別人看。 ●雙手握拳或搓手。 ●聲音嚴厲，語氣和語調變化很大。 ●露出不愉快的表情或長嘆。	●身體微微向前傾。 ●把臉轉向對方，適當地點頭。 ●保持開放的身體姿態，身體是放鬆的，視線與對方齊高。 ●與對方保持合適的空間距離。 ●與對方保持適當的注視。 ●雙手放開自由舒展，必要的時候會拍拍對方的肩膀。 ●聲音溫和，聲調令人愉悅。 ●表現出關心認可，流露出感興趣的表情。

傾聽的 5+3+3 法則

1. 傾聽的 5 個用「心」

(1) 好奇心

我們聽別人談話的時候，一定要懷著一顆好奇的心。

如果在談話前，你就為對方的話題貼上沒意思、枯燥、單調的標籤，那麼一定會在傾聽中，錯過很多重要的訊息。

(2) 責任心

傾聽是溝通者一個非常重要的技能，也是溝通者在傾聽的過程中要負起的重要責任。在溝通中，並不是只要說清楚就可以了，「聽」本身也是談話非常重要的一部分。傾聽的成功與否，對雙方溝通的結果意義重大。

(3) 利他心

傾聽的時候，我們要多考慮、多體會對方的立場，一定要先把自己的想法置於次要。不要一聽到感興趣的事情，就急著發表意見打斷對方；也不要一聽到與自己經歷相關的事，就想指導對方應該怎麼做。

(4) 耐心

很多時候對方說得不清楚，或者邏輯上不是很順暢，甚至是因為一些情緒的問題，而說得顛三倒四。這時傾聽者一定要有足夠的耐心，這種耐心不僅僅是對他人的一種禮貌，好的傾聽行為也能幫助對方慢慢平靜下來，整理好自己的思路。

(5) 平等心

當地位、才能、權力等各方面都比對方高出一籌，你作為一個傾聽者時，就要更加注意去保持平等的傾聽姿

態。特別是當我們不是很理解或不是很認同對方時，也一定要表現出尊重對方的言論。

2. 傾聽的 3 個感受

察言觀色，是讀懂他人真實想法的基礎，所以我們要在溝通中學會「感受」。

(1) 用眼和耳朵去感受，搜集更多訊息

- 與人見面時，要關注對方的著裝和情緒狀態。如果對方是熟悉的人，我們就會在第一時間感受到，對方今天是否有不同之處。
- 不迴避別人的目光，便能從中看出支持、溫暖，或者焦慮、閃躲。
- 溝通的過程中留意對方表情，特別是我們提出一個觀點時，要觀察對方的表情出現什麼變化。
- 面對面溝通時，我們能從他人肢體語言的細節中，捕捉到對方沒有說出的想法。如果對方身體前傾，表示對話題很感興趣；如果對方無意識地用指尖敲打桌面，那麼他的心思可能不在對話中。
- 如果對方突然提高音量、語速，或突然變得沉默、支支吾吾，有時甚至出現口誤，這時即使你說得非常起勁，也需要撥出心思去感受這些變化。

(2) 用身體去感受，與對方保持同等的位置

- 停止你手中無關緊要的事。
- 選擇一個適合傾聽的、雙方都舒服的位置和距離。
- 面對說話者，保持開放式身體語言，避免雙手和雙腳交叉。
- 保持目光接觸。
- 適時地點頭互動。
- 在身體姿勢上，適度地模仿對方。

(3) 用情緒去感受，進入深層的共鳴

- 慢慢跟隨對方的呼吸。
- 讓對方的情緒、感受流淌在你的身體裡。
- 嘗試理解對方情緒的起因。
- 覺察自己情緒的變化，區分哪些是你的情緒，哪些是對方的情緒。
- 讓你的表情裡，有和對方一樣的情緒成分。

3. 傾聽的 3 個動作

(1) 複製性跟隨

　　用諸如「是的」「嗯」「對」「好的」「我明白了」之類的言語，暗示你正專心聆聽，且鼓勵說話者與你分享更多訊息。或者簡單重複你所聽到的關鍵字，如「喔」

「很辛苦」「嗯，不能這麼做」，簡單的重複有時會帶來神奇的效果。

(2) 支持性的提問

為了鼓勵對方傾訴，以便收到更多訊息來判斷對方的感受，你可以這樣表達：

> 「你是不是覺得有點⋯⋯」
>
> 「你想說的是不是⋯⋯」
>
> 「你現在感覺很沮喪，是嗎？」

注意，要用支持性的提問，而不是引導性的提問甚至打斷。支持是關注對方說話的內容，幫助對方把情緒和事件表達得更完整；而引導是把談話導向你的思路，希望對方認可你的觀點。

(3) 確認性的回饋

當你確信自己瞭解對方的感受，並希望達成共識時，可以這樣表達：

> 「你剛才說⋯⋯你一定感覺⋯⋯」
>
> 「我真為你高興。」
>
> 「真是難為你了，遇到這樣的事，我也覺得⋯⋯」

當然，也會有不認同他人的態度和觀點時，可以試著這樣表達：

「你這麼說，我感覺很不舒服。」
「你這麼想，我有點失望。」
「我瞭解你的意思，但我有不同的想法。」

2分鐘複讀機的刻意練習

　　尋找一個願意陪你練習的人，他可以是你的家人、同事、朋友。背對背坐下來，請他在兩分鐘內盡情說話，而你原封不動地複述（對方說一句，你重複一句）。全程不可以打斷對方、不評價、不詢問，只能複述他說的話。

傾聽記錄

1.你覺得2分鐘的時間長嗎？

_____

_____

2.在此過程中，你有什麼感受？

_____

_____

3.你是否試圖打斷他，或有把話題接過來表達的衝動？

_____

_____

方法2

學會問對問題，
能更快找到答案

會說的不如會聽，會聽的不如會問

1. 不問清楚，不給答案

　　願意幫助他人是好事，但我們有時會過於熱心，單方面想為他人出主意、提建議，或一聽到他人提問，就想來個「大顯身手」。

　　甚至有些人自詡為「○○專家」，一遇到他人求助，不管真懂假懂，總是有求必應，心想「若不給個建議多沒面子！」「不說就顯得我不懂了！」

　　殊不知，不搞清楚問題就給答案，一不小心會誤導別人，還很容易讓自己陷入尷尬。

商學院小測驗

你有預設的答案嗎？

假設你是飯店的前台接待員。一天深夜，一位年輕的女顧客匆忙走到你面前，詢問：「請問你們飯店安全嗎？」此時，你會怎麼回答？

A. 我們飯店地處繁華地帶，非常安全。

B. 我們飯店有十分完善的保安措施，顧客從來沒有遺失過東西。

你是否會理所當然地選擇回答 A 呢？

「深夜」「年輕女子」的背景下，你可能理所當然地認為這位女顧客，一定是擔心自身的安全問題。

可是如果我告訴你，這位年輕女子是一位導遊，她即將接待一組非常重要的團員，這些團員都十分在意隨身財物的安全。所以，她其實是希望能找到一個保安措施完善的酒店。那麼，你此時的回答又會是什麼呢？

2. 問清情況，免得尷尬

諸如以下的尷尬情況，比比皆是。

編輯對設計師說：「給我設計個大器的封面。」設計師熬了個通宵，做了一個氣勢磅礴的封面。第二天，編輯

看了猛搖頭，他想要的大器，其實是清爽灑脫的風格。

　　銷售經理對人事主管說：「給我應徵一個聰明點的助理。」人事主管於是錄取了一個智商 130 的員工，一週後銷售經理很不滿意，說：「這個人不懂溝通，難以合作完成工作。」

　　很多時候，我們都容易「想當然爾」，或者嫌麻煩懶得多問一句。等到結果和自己想像得大不一樣時，才直呼糟糕。提問有一個非常重要的功能，就是在溝通中同時做確認。一位聰明的溝通者，會把這些提問經常掛在嘴邊：

　　「您的意思是……對嗎？」
　　「我們是想這麼這麼做，是吧？」
　　「我感覺你……是嗎？」
　　「我表達清楚了嗎？」
　　「還有什麼問題嗎？」
　　「就這麼定了，好嗎？」

3. 少問一句，錯失良機

　　行銷培訓中，有一個經典的案例。

客人到市場買橘子，他走到第一家水果攤前，問：
「這些橘子怎麼賣？」

　　老闆回答：「每斤 50 元。這些橘子又大又甜，很好吃
的。」沒等老闆把話說完，客人轉身就走了。

　　他走到了第二家水果攤，問：「這橘子怎麼賣？」

　　老闆回答：「每斤 50 元，您要什麼樣的橘子呢？」

　　客人說：「我要酸的橘子。」

　　老闆說：「正好我這批橘子又大又酸，您試吃看
看。」

　　客人選了一個吃，的確夠酸，於是買了一斤。

　　客人提著橘子回家，路過第三家水果攤，忍不住又
問：「你的橘子多少錢一斤？」

　　老闆說：「每斤 50 元。您要什麼樣的橘子呢？」

　　客人說：「我要酸的橘子。」

　　老闆繼續問：「您喜歡吃酸的橘子？大部份的人都喜
歡吃甜的！」

　　客人說：「我太太懷孕兩個月了，只想吃酸的。」

　　老闆說：「太太懷孕了呀，恭喜恭喜！那您要不要買
點奇異果呢？奇異果味道微酸也含多種維生素，很容易被
小寶寶吸收，太太吃這個一舉兩得！」

　　客人覺得有理，於是又買了兩斤奇異果。

　　第一位老闆，光說不問，結果什麼也沒賣出去。第二位老闆，又說又問，正中客人下懷。第三位老闆，不僅問了要什麼，還問了為什麼。於是，在瞭解了來龍去脈之後，他發現了新的銷售機會。

　　聽而不問、自說自話，難免會使人錯失良機。從事行銷業的人，多問問消費者的需求，就能發現新的商業機會；一位老師，多問問學生為什麼沒聽懂，就能發現新的教學關鍵；戀愛中的人，多問問對方喜歡什麼，就能更瞭解對方。可見有許多好事，都是靠「問」出來的。

好問題會指向答案

　　愛麗絲問兔子：「兔子，兔子，你說我該選擇哪條路走呢？」

　　兔子說：「選擇哪條路，取決於你要去哪裡。」

　　愛麗絲想了想，說：「我好像去哪裡都可以。」

　　兔子說：「那麼你走哪條路都可以。」

——摘自《愛麗絲夢遊仙境》

1. 追根究柢，「5 個為什麼」幫你回歸本質

　　在豐田公司的工作改善流程中，經常使用「5 個為什

麼」來分析問題，並找出隱藏在問題背後的原因。例如，管理者發現，公司大樓的外牆每年都要定期維修，會花費大量財力人力，正思考該如何解決？

問題：公司大樓的外牆為什麼要定期維修？
回答：因為常被弄髒，牆壁才需要經常清洗。

如果只是問到這裡，我們發現不了任何解決方案，所以要繼續追問。

1. 為什麼要經常清洗？
   回答：大樓每天都被大量的鳥糞弄髒。
2. 為什麼有這麼多鳥糞？
   回答：大樓周圍經常聚集很多燕子，產生鳥糞。
3. 為什麼有這麼多燕子？
   回答：大樓的窗戶上有許多燕子愛吃的蜘蛛。
4. 為什麼窗子上會有蜘蛛？
   回答：蜘蛛在這裡能吃到一種小飛蟲。
5. 為什麼會有這種小飛蟲？
   回答：塵埃和從窗戶照射進來的光線，刺激了小飛蟲的繁殖。

問到這裡，解決方案似乎已經變得非常簡單。那就是：拉上窗簾。

一連串的「為什麼」，幫助我們回歸本質，而能看清楚問題本質的人，往往能夠一語點醒夢中人。

2. 開關結合，掌握談話節奏

(1) 封閉式問題，鎖定目標

提問時，有些問題只能回答「是」或者「不是」。這種限定了答案的問題，被稱為封閉式問題。封閉式問題的最大優點，就是答案是選擇出來的，非此即彼，目標感強，可以迅速鎖定你需要的溝通訊息。

不過，如果在溝通中，一連串地使用封閉式問題，難免會給人壓迫感。若問題設計得不好，也容易把對話帶入死局。

(2) 開放式問題，獲取訊息

與封閉式問題相比，開放式問題就溫和多了。開放式問題不會以選項限定答案，對方想說什麼就說什麼。提問者能夠在輕鬆愉快的前提下，盡可能搜集更多的訊息。

問開放式問題的人，其實更能控制談話的局面。這是因為在無形中可以聽到更多、瞭解更多，思考的時間也更多，從而能夠從容應對。

為了讓開放式問題問得有效果、有含金量，可以採用下面的三種形式。

最簡單的開放式問題，就是有話直說。假設你是一名課程顧問，想為一家企業推薦課程，希望瞭解企業對選擇老師的要求。你不妨直接問：「貴公司喜歡什麼樣風格的老師呢？」

但為了避免離題，可以有主題地開放。例如，「貴公司選擇老師有什麼標準呢？」「在選擇老師方面，最看重的是什麼呢？」

若答案也是模糊的，則需引導對方描述情境。例如，「在您以前聽過的課程中，哪幾次收穫比較大，那位老師是什麼樣的授課風格呢？」

「貴公司以前開展過的培訓課程中，比較受學員歡迎的老師是哪幾位？他們授課時有什麼特點嗎？」

3. 開關結合，掌握談話節奏

封閉式問題，是一步步接近答案；開放式問題，是一步步尋找答案。兩者結合起來，溝通的效果會事半功倍。

百度公司中，有一份為電話銷售人員繪製的「銷售提問導圖」，它為銷售人員規畫好溝通的方向，可以一步步引導客戶表達需求，使銷售過程變得清晰而高效。

- 第一步：經由封閉式問題，把客戶分類

先對客戶做以下提問：「您是否做過……」「您是否是……」。

- 第二步：經由開放式問題，挖掘客戶需求

讓客戶講述自己的使用經驗，滿意或不滿意的原因是什麼、顧慮是什麼。每個人都喜歡分享，客戶分享越多，我們對他越瞭解，他所關注的東西自然也就呈現了。

- 第三步：經由半開放的問題，鎖定具體事宜

在客戶盡情表述之後，就可以開始鎖定溝通的目標，進行深入溝通了。例如，「您最滿意的是……對嗎？對這方面，您有什麼考量呢？」

- 第四步：經由封閉式問題，確認需求點

客戶明確表達出某方面的需求，意味著你來我往的溝流通程暫告一個段落，應該切入今天的主題了。例如，「我非常認同您的想法，想在這方面給您介紹一下我們的產品。」

提問是需要設計的，但提問的設計其實很簡單，記住你的目標在哪裡就可以了。例如，若介紹產品賣點是這次溝通的目標，而所有的提問，不過是一步步走向「賣點」介紹的必經之路。

3 個還原，避免主觀臆斷

1. 問題分析變為還原事實

請問以下對話會有什麼風險？

下屬：我無法如期完成技術援助計畫。

主管：怎麼了，發生什麼事？

下屬：有些部門不配合！

主管：那些部門為什麼不配合呢？

下屬：他們抱怨提交的時間太早，根本沒時間準備。

主管：那麼你覺得原因是什麼呢？

下屬：那些本來就不是他們的工作，當然不積極。

主管：那麼他們的部門主管知道這個情況嗎？

下屬：還不知道。

主管：好，我去找他們的主管談談。

很多時候，我們都會詢問事情的原因，而忽略了去確認「到底發生了什麼事情」，即使從對方口中得知原因，也難以避免主觀判斷。這是因為我們一直都有想盡快解決問題的傾向，而常常忽略解決問題的前提，是瞭解發生問題的「事實」。

下屬：我無法如期完成技術援助計畫了。

主管：怎麼了，發生什麼事？

下屬：有些部門不配合！

主管：哪些部門不配合？能具體說說看嗎？

下屬：他們抱怨提交的時間太早，根本沒時間準備。

主管：哪天該提交？他們都需要準備些什麼呢？困難點在哪裡呢？

2. 詢問行動變為還原細節

請問以下對話會有什麼風險？

下屬：客戶總是不回信、電話也不接，我的工作無法有進度。

主管：你都是怎麼聯絡他的？什麼時候開始連絡的？

下屬：最早是一個月前，最近的一封郵件是昨天寄的，我已經寄過4次信了！

主管：你打過電話嗎？

下屬：我昨天就開始打電話，沒用。

主管：我們需要開會討論一下這個問題嗎？

下屬：我覺得需要。

主管：好吧，我們找時間開個會。

我們瞭解了對方的行動，卻忽略行動過程中的「細節」，所以其實無法判斷行動是不是有效，以及到底是什麼原因影響了行動。這會導致無效的行動一而再、再而三地重複，這也就是要避免無效溝通的重要原因。

下屬：客戶總是不回信、電話也不接，我的工作無法有進度。

主管：你都是怎麼聯絡他的？什麼時候開始連絡的？

下屬：最早是一個月前，最近的一封郵件是昨天寄的，我已經寄過4次信了！

主管：你的信上是怎麼寫的？寫了信以後你還做了什麼嗎？

下屬：我從昨天起開始打電話，沒用。

主管：你說的沒用是指什麼？

3. 先入為主變為還原意圖

請問以下對話會有什麼風險？

主管：我看你最近有點消極，怎麼了？

下屬：也沒什麼，就是考績拿到了B，我想不通。

主管：比你預期的差嗎？

下屬：我各方面都做得蠻好，也沒有犯什麼錯，為什麼是 B 呢？

主管：你工作能力的確不錯，這半年的目標也完成了。但是欠缺一些創新的想法，你對自己是不是沒有這方面的要求？

下屬：也許吧。您要是這麼覺得，我也沒什麼可說的。

主管：既然知道自己薄弱的地方，再提升就好。你還是很有能力的，加油。

有時候我們自以為溝通的效果非常理想，對方表面上也認同了談話內容，但事後往往會發現情況並非如此。這通常是因為我們犯了先入為主的錯誤，預先對他人的想法、立場、動機做了假設，然後又按照自己的假設去溝通。對方則由於諸多原因，例如，你太強勢、你是上級、不方便解釋等，而敷衍過去或者言不由衷。

主管：我看你最近有點消極，怎麼了？

下屬：也沒什麼，就是考績拿到了 B，我想不通。

主管：比你預期的差嗎？

下屬：我各方面都做得蠻好，也沒有犯什麼錯，為什麼是 B 呢？

主管：能舉個例說說看，對哪件事覺得做得好嗎？至於考績的標準，你是怎麼看的？

高手從來不給答案

一個好主管、一個稱職的諮詢顧問、一個高 EQ 的媽媽，都不會輕易給他們的下屬、客戶、孩子答案。他們會經由一連串有力的提問，引導對方主動思考，和對方一起去享受尋找答案的過程。

如果有人向你求助，希望你給一個建議，不妨先從下面的角度問一問，和對方一起去探尋答案。

1. 有關尋找資源的提問

「完成目標或解決問題，需要哪些資源？」

「你目前擁有哪些資源？」

「這些資源在哪裡可以找到？」

「如果你必須得到幫助，會想到誰？」

「如果需要發揮優勢或特長，會怎麼做？」

「如果必須選擇一個行動，會做什麼？」

2. 想想別人是怎麼做的

「其他同事是怎麼處理這件事的？」

「同行都是怎麼做的？」

「換作某某人，他會怎麼做呢？」

「還有誰在做類似的事，他們是如何成功或失敗的？」

「公司的前輩們，都是怎麼處理這件事的？」

「下個世代的年輕人，他們可能會怎麼做？」

3. 換個視角想想方案

「如果你是老闆，會怎麼做？」

「如果你是媽媽，會怎麼做？」

「如果你是客戶，會怎麼做？」

「如果能打破所有的限制，會怎麼做？」

高手們相信，只要願意不斷提出好問題，每個人都能為自己做出最好的決定。

3 個還原提問的刻意練習

　　請你在日常解決問題的對話中，使用 3 個還原的提問方法，並整理出你認為非常有效的好問題。

(1) 你可以這麼問來還原事實：

_____

_____

(2) 你可以這麼問來還原細節：

_____

_____

(3) 你可以這麼問來還原意圖：

_____

_____

方法 3

看懂別人聊天的動機，
成為受歡迎的談話對象

人們因為好情緒而記住你

1. 好情緒令人嚮往

　　遇到一個溫暖的笑容，我們的心情會隨之愉悅；走進歡樂的人群中，我們也會變得興奮起來。所以，如果你是一個能夠給人溫暖和支持的聊天對象，別人會更加願意和你對話。積極、正向的情緒會帶來友好的氛圍、甜蜜的感受，這是建立良好人際關係的核心要訣。

2. 杏仁核幫我們選擇開心的人

　　人類所有重要而深刻的記憶，都是以「情緒+情境」的形式存在於大腦的杏仁核裡，這是我們的「情感數據庫」。愉悅的情緒體驗，會幫助我們深深記住和某人在一

起的溝通情境，並且會不斷再次去選擇和那個人聊天。同樣，溝通中不愉快的記憶也會不斷提醒我們，要離開那個令人不開心的人。

那些被你聊死的天

1. 有時候，別人只是想抱怨一下

這天下午 S 莫名煩躁，她向 LINE 裡的好友們紛紛發出求救訊號：「企劃還沒搞定，主管不給力，不想做事了怎麼辦啊？」一眨眼，好朋友們劈哩啪啦回了她訊息。

朋友 A 回：「嘿，又想罷工啊。最近忙什麼呢？」「那就休息會再做吧。」「呵呵，差不多了，趕緊回去做吧，以你的聰明才智，兩三下就解決了！」聊了一會兒後，S 神清氣爽地回去繼續工作了。

此時，朋友 B 也回訊了：「計畫改不上變化，企劃誰不是天天改，主管哪有那麼容易滿意啊！」「什麼年代了，你還指望主管給力。」「天下主管都一個樣，壞事找你，好事沒你的份。」「這種主管我遇多了……」「我跟你說，你們公司算好的，我們公司更糟糕。現在經濟不景氣……」

B 聊得情緒激動，越說越多，S 為此感到暗無天日，

又不想做事了。

好友 C 也發來了訊息：「為什麼不想做了呢？」「不努力怎麼會成功？」「要主管支援也多少得靠自己爭取，誰不是這樣呢？」「其我也遇到過這種情況，為什麼不跟主管反應一下呢，試過再說吧！」

聽完了 C 的話，S 鬱悶至極，回了一句「謝謝你啊，我先忙了再見！」並且恨不得把 C 給封鎖了。

如果你是 S，下次你會找誰聊天呢？朋友 A 一定就是你的首選。

並不是所有情緒低落者，都像你想像的那麼糟糕；並不是每一個來問你該怎麼辦的人，都是真的想要答案。很多時候，他只是抱怨一下，想找個人陪一會兒，千萬別死板板地就事論事。

2. 有時候，別人需要自己被看到

又到了辦公室的下午茶時間，茶水間擠著幾個同事。

G 興奮地發言：「各位，我週末參加了一個培訓，國外的一個大師來授課。這是○○技術在國內的首次推廣，我收穫很多！那天還見了很多名人，你們看，這是我和他們一起拍的照片。」

在茶水間裡的你，會怎麼接過這個話題呢？

　　A. 哎喲，太厲害了。你看，這不是 ○○ 嘛！

　　B. 這些名人也都是包裝出來的而已，中看不中用，現在假授課真圖利的活動太多了。

　　C. 我上次也參加了一個課程，比你這個場面還大，光助教就帶了 20 多個！我還是在 VIP 區聽的，待會音檔傳給你們聽聽。

　　D. 認真地看照片，然後問：「能說說課程講了些什麼嗎，我蠻好奇的呢？」

　　在溝通中，你覺得自己像以上的哪位？會習慣性地給別人讚美？還是會不留情面地挑剔、指出問題？你會受不了太高調的言論，迫不及待想表達「我比你更好」嗎？還是，你的關注點總是和發話者對不上頻率？其實有時候，別人只是需要被看到，心照不宣地呼應一下沒什麼不好。

3. 有時候，別人要的不是解決方案

　　在一班客機上，一位女士正在用筆電打論文，突然螢幕一片黑，接著筆電就關機了。她非常著急，怕重要的資料和檔案不見，於是焦急地詢問旁邊的男士：「能不能幫我看看我的筆電怎麼了？」

旁邊的男士飛快地掃了一眼，然後繼續劈哩啪啦地敲著自己的筆電說：「系統問題。」

「啊，系統……」女士感覺事情嚴重了，問道：「那資料還能恢復嗎？」

男士頭也沒抬地繼續說：「這要看資料保存在哪裡了。」

女士幾乎要哭出來了，說：「我剛寫的論文在桌面上，還沒備份！」

「那沒戲唱了。」

「啊！那怎麼辦啊？」女士焦急地問。

這時男士才停下手上的事，說：「著急也沒用，你回去後把電腦拿到維修店家看看。反正你現在什麼也做不了了，乾脆收起來吧。」

女士收起電腦，一想到花了幾天寫的論文可能轉眼就沒了，委屈地直掉眼淚。

男士有些不知所措，說：「你哭也沒有用，現在根本沒辦法修理啊！」

這位男士真是個不會聊天的人。很多時候，我們更需要的只是心理上的理解和支持，而非立即得到有效的解決方案。

4. 有時候，別人是來分享幸福的

閨蜜剛剛談戀愛，幸福得睡不著。她拿起電話打給你，說：「嗨，睡了嗎？我談戀愛了。」電話這頭的你，會如何回應？

● 第一類經典反應

「哪裡人啊？」

「做什麼工作的啊？」

「有房子嗎？」

「收入怎麼樣？」

「和上一個比，哪個帥呢？」

這是不解風情的「包打聽」，這麼問是要查戶口嗎？

● 第二類經典反應

「啊，才見過幾次面就交往了！」

「是你們公司的客戶啊？年紀多大？」

「朋友聚會認識的，你還不了解他吧？」

「我是擔心你啊，現在騙子那麼多……」

這種則是「杞人憂天」的老母親，凡事都還沒確定，就判斷出不幸的結局。

令人愉快的聊天者，通常會這樣說：

「是嗎？你們怎麼認識的啊？」

「怎麼回事啊？快跟我說！」

「哇，幸福死了！」

「好好珍惜，祝福你啊！」

很多時候，別人找你訴說，是因為他們想分享此時此刻的美好感受，你其實只需要見證這份感覺就好了。大可不必太八卦地打聽細節，更沒必要大驚小怪地擔心。當對方隨便說上一句：「你覺得呢？」可千萬別真的認為，這是在徵求你的意見。

商學院小測驗

你是一個會情緒溝通的人嗎？

以下的問題，你可以用「是」或者「否」來回答。

1. 我能準確、細膩地區分不同的情緒狀態，而不是只知道現在感覺好或不好。
2. 我知道自己喜歡的人和不喜歡的人類別，並且知道原因。
3. 溝通中感到不適時，能夠分清自己是傷心、害怕還是憤怒。
4. 某些人和事特別容易引發我的強烈情緒，我知道為什麼，並會想辦法克制自己，不遷怒於他人。

5. 在溝通中，我能夠準確地表達感受，不僅使用語言，還會使用表情、動作等。

6. 我能夠聽出別人的言外之意，且更傾向於判斷對方的情緒，而不僅僅是聚焦於說話的內容。

7. 我知道別人什麼時候需要情感的支持，並知道自己想要去支持的目的是什麼。

8. 我不會掃他人的興，除非清楚知道自己為什麼要這麼做。

9. 我知道什麼話題更能夠引起別人的興趣。一般來說，這些話題都會有很好的溝通效果。當然，我也知道說什麼可能會激怒別人。

10. 我能在激烈的爭論或衝突中迅速抽身，並發現自己和他人的情緒及起因。

　　如果你的答案裡超過8個「是」，恭喜你！你是情緒溝通的高手，不僅很能駕馭自己的情緒，還能夠理解他人的情緒，並在溝通中運用自如。

　　如果你的答案有6到8個「是」，你在溝通中對情緒的掌握，還有很大的提升空間。

　　如果你答案中的「是」在6個以下，就需要仔細研讀本章的內容，並設法提高情商。

如何聊出好情緒

1. 做鏡子，不做導師

　　如果你不是專業的諮詢師，不是某個領域的專家，不是令人尊敬的長者，不是令人信服的主管，也不是他人的摯交好友，不會常被人請教意見。

　　而好的溝通者，其實很少給別人提建議、出主意，他只是像面鏡子，默默地照出對方的樣子。別人開心，他就照出開心；別人難過，他就照出難過；別人渴望認可，他就給予溫暖的目光；別人期待分享，他就一起暢談感受。

2. 善傾聽，與之共鳴

　　當你敲響一排音叉的其中一個時，沒多久，其他的音叉也會發出同樣的樂聲，它們的聲音會互相應和，產生共鳴，甚至越來越大。對於這種現象，我們在小學的實驗室裡就已經接觸過了，音叉的樂聲來自於聲波共鳴。

　　聲波看不見、摸不著，卻實實在在存在著，情緒亦是如此。看不見、摸不著的情緒，也是由不同振動頻率的能量組成的，彼此之間也會產生巨大的影響。情緒的共鳴是比語言、舉手投足更深層次的共鳴，它時刻存在著，往往在無意識之間就發生了。

深入的傾聽、發自內心的理解、相似的經歷和信仰，
都會引發強烈的共鳴。這份情感的共鳴能力，是良好溝通
者的核心素質。

3. 引情感，掌握人心

溝通高手們，不僅能夠和他人產生共鳴，還能夠主動
引發他人潛在的情緒，從而抓住對方的心。一個催人淚下
的創意廣告，一個激動人心的演講主題，一首令人動容的
歌曲，往往都是因此觸發了他人情感。

在溝通中，說別人感興趣的話題很重要，能夠把話說
到對方的心裡也特別重要。這需要對人的情感有深入理
解，例如，一個具有影響力和領導魅力的人，一定知道說
什麼樣的話、做什麼樣的事，才能夠喚起他人振臂一呼的
追隨熱情。

【商學院練習題】
語言情緒反應的刻意練習

請和朋友討論，你們說哪些話題時，會帶來以下不同的情緒反應：

情緒反應	會導致情緒反應的話題
開心	
憤怒	
悲傷	
焦慮	

第 2 章

太堅持、太忍讓、太權威，
讓你無法贏得好人緣？

方法4

不讓衝動壞事，
用平復情緒 3 步驟

　　暴雨過後，社區的光纜受到影響，導致很多用戶無法上網。客服中心的電話，頓時成了熱線。

　　「怎麼回事啊？我們家怎麼不能上網啊？」「什麼時候才能修好啊？」「你們就知道說維修中維修中，到底什麼時候能上網？」「我不想聽你說，找你們經理來！」

　　一名客服人員剛剛處理了一件投訴，因為客戶的態度十分惡劣，她覺得很委屈，放下電話後抱怨了起來。

　　「這些客戶都怎麼回事啊？怎麼都不講道理的？」

　　「憑什麼讓我們受這些委屈啊！公司的應變機制沒做好，卻讓我們去賠不是。」

　　這時，經理走上前去，拍拍這位客服人員的肩膀，語重心長地說：「誰工作中不會受點兒委屈呢？想開一些，你代表的是公司，要考慮到公司的利益。」

　　客服人員不服氣：「那公司考慮過我們的利益嗎？」

　　經理的威信受到了挑戰，也開始有了情緒：「你怎麼能這樣說？公司怎麼沒考慮大家的利益了？」

　　在主管面前，這位客服人員的情緒不敢發洩出來，無奈之下，她開始消極地回應之後的抱怨電話。

　　經理見狀很生氣，當著大家的面吼了起來：「這就是你的工作態度？好好反省反省，別讓你的情緒影響到客戶！」

　　「我不幹了！」客服人員摔掉耳機，起身走人。整個客服中心的空氣瞬間凝滯。

　　電話依舊響起，客戶的情緒依舊不滿：「哎，你們怎麼回事，到底什麼時候才能修好！」

　　客戶不是不能理解暴雨會對電信設施產生影響，這是不可抗力；客服人員不是不懂需要體諒有情緒的客戶，這份工作難免要受點委屈；經理當然也不是不知道員工的難處，但忘了員工有情緒的時候，並不是開導的最好時機。

　　一切都是因為有了「情緒」，我們好像變成了另一個人，理智突然停止工作，因為我們彷彿遭遇了情緒的劫持。

情緒的劫持

在我們的大腦裡，主管理性的部分和主管情緒的部分，在正常情況下，是相安無事、彼此配合運作的。然而，在一些特別的情況下，主管情緒的大腦會突然爆發巨大的能量（往往是負面的情緒），在主管理性的大腦尚未察覺之前，便先斬後奏地，開始指揮我們做出偏激的行動。

巨大的情緒力量，會打斷理性的大腦工作，這時候我們根本來不及思考，會本能地衝動起來，要麼採取充滿攻擊性的行為，要麼採取完全逃避的行動。我們把這種現象稱為「情緒的劫持」。換句話說，就是情緒把你的大腦綁架了，這時候，你瞬間變成一頭衝動的困獸。

客戶的利益受到了損害，他焦急、遷怒於人、需要發洩；客服人員受到負能量的襲擊，需要得到理解時卻被「開導」，她的委屈轉為氣憤；經理受到了員工的挑戰，影響了自己的權威，失去了對局面的控制，只能強勢地表達憤怒情緒，以期能夠威懾他人。

這些強烈的情緒感受，把大家的理智都劫持了。硬要在這時去溝通，不僅沒有效果，反而會令人覺得太極端。

平復情緒 3 步驟

1. 識別並捕捉情感波

我們的情感就如海上的波浪，時而風平浪靜，時而波濤洶湧。

風平浪靜之時，顯得缺乏活力；波濤洶湧之時，又會產生難以抑制的衝動。如果我們把「情緒劫持」的狀態比作情緒的波峰，那麼，當情緒積累到波峰爆發，巨浪打來時，其實是很難控制的。所以，要能在情緒的波浪到來之前有效覺察，提前化解於微波盪漾之時，變得尤為重要。

在溝通中，可以經由以下 3 類訊號，捕捉他人的情緒波（如表 2-1 所示）。

表 2-1 ▶▶ 3 類情感波訊號

訊號	表現
語言表現訊號	應付了事、岔開話題、堅持己見、開始辯駁、激烈爭論、人身攻擊……
非語言表現訊號	肢體緊張、目光迴避、表情變化、聲音變化……
行動表現訊號	沉默、煩躁的小動作、接打電話、離場……

敏感地識別他人在情緒可能爆發之前的種種跡象，就是我們經常說的「察言觀色」能力。對方的這些訊號並不難理解，難的是在溝通中，特別是自己非常投入的時候，還能保留一些精力留意對方的反應，並且能夠在第一時間就有所覺察。

　　例如，提到某個人時，對方的眼神透露了一絲不滿；說到某個話題的時候，對方突然沉默了一下；從某個問題開始，對方就好像在口頭應付了等等。我們不能等到訊號已經升級，變成了激烈的爭論和人身攻擊，甚至對方憤然離場時，才恍然大悟：「哎呀！他有情緒了。」越早察言觀色，溝通時越容易避免不必要的衝突。

　　在溝通中，對自己的情感波的捕捉，可以考慮以下三個問題：

(1) 留意自己慣常衝動的跡象

　　我們可以按照表 2-1 的語言、非語言和行動三個方面訊號，有意識地回顧一下自己慣常衝動的跡象。例如，我說話的速度加快時，就是著急了；我不耐煩的時候，特別喜歡講道理；我一緊張就會抖腿等等。我們要留意並記錄下這些訊號，以便在以後的溝通中，能隨時捕捉情感波的到來。

(2) 歸納自己經常衝動的情境

每個人都有自己過不去的「坎」。例如，某人一遭受批評就呼吸急促、渾身緊張、心跳加快；某人一遇到不平對待，就拍桌子、摔東西、走來走去，一定要找個人說說；某人一見到某些人心情就不好，對方說什麼都覺得不對。對自己會衝動的情境越敏感，你就越能提前預測，並對「情緒劫持」先下手為強了。

(3) 警惕想糾正他人的心態

有時候我們特別想和別人分清楚對錯，還有時我們特別想解釋清楚，讓別人明白：「難道你不知道這個是有問題的嗎？」「道理就擺在這裡，你怎麼就不懂呢？」「我就是想對你說清楚，一定要說到你明白為止。」當以上的這些聲音在我們內心反覆播放的時候，千萬注意，這時你已經很有情緒了。

要麼你太急於獲得認可，要麼你太想搖醒一個裝睡的人，要麼你覺得自己有理，別人就必須、應該聽你的。無論如何，此刻你並沒有你想像中的那麼理性。

2. 打破現狀，讓風暴退去

如果你錯過了種種情感波訊號，導致溝通中情緒升級，或者有一大波情緒來勢兇猛，那麼你就要學會處理情

緒暴風雨到來的問題了。

但情緒的暴風雨也沒有那麼可怕，科學家指出，如果沒火上加油的話，情緒的高峰也就持續 10 秒左右。在這劍拔弩張的 10 秒裡，你千萬別再講道理了，這時若試圖去強行壓制對方的情緒反應，常常會讓溝通適得其反。更聰明的辦法是打破現狀，讓自己和對方重新回歸平靜。

(1) 注意力轉移

情緒是一種能量，經由身體將其疏導出去，是十分快速見效的方法。例如，深呼吸、散步一圈、喝一杯水或搓一搓手，這些都可以達到打破現狀的效果。把不愉快的對話暫停一下，彼此都出去透透氣，或者換一個輕鬆的話題。打破這個激發情緒的情境，注意力轉移後，情緒很快也就褪去了。

(2) 對比法消除誤解

如果你知道自己的哪句話或哪個行為，觸動了對方的敏感神經，可以使用對比法，去平息對方的情緒反應。

「我不是這個意思……我是……意思。」
「這個問題，以前是……現在是……。」
「我不希望你理解為……我希望……。」

3. 反思，讓衝動不再上演

　　ABCDE 信念調整法，可以讓我們在衝動的對話發生後，經由自我反思，找到引起衝動情緒背後隱藏著的信念。在這個信念被替換或升級後，我們對待某件事、某個人的態度就會有所轉變。下一次，當再次遭遇這個「導火線」的時候，自然就不再那麼衝動。

　　A. 指事件，誘發你的情緒和衝動的事件。

　　B. 指舊的信念，個體在遇到誘發事件之後，對該事件的想法、解釋、態度和評價。

　　C. 指後果，某件事發生後，人的情緒和行為結果。

　　D. 指反思，對舊的信念 B 進行辨析。

　　E. 指新的信念，我們用一個新的想法代替了舊的想法，從而轉變了態度。

　　我們通常認為，是事件 A 引出了我們的情緒和行為 C，即 A→C。

　　而在 ABCDE 信念調整法中，誘發性事件 A 只是引起情緒的導火線，而人們對誘發性事件所持的信念、看法和解釋 B，才是引起情緒更為直接的原因，即 A→B→C。

　　例如，孩子做作業慢，你很憤怒，這時 A 是孩子做

作業慢，C是我很憤怒，可是其他家長面臨同樣的問題時，可能就沒有你那麼強烈的反應。同樣的A，為什麼會有不同的情緒結果C呢？顯然，是因為我們的B，對這個事件的看法不同，即A→B→C。

因此，人並不是為事情困擾著，而是被對這件事的看法困擾著。ABCDE信念調整法的具體使用步驟如下。

- 第一步，在A欄填寫誘發難過情緒的事件。

A：孩子做作業太慢。

B：

C：

D：

E：

- 第二步，在C欄寫下不愉快的感覺，和你所採取的行動。

A：孩子做作業太慢。

B：

C：我很憤怒，忍不住要罵他。

D：

E：

● 第三步，在 B 欄寫下你的內心語言，也就是你在那一刻的想法、信念。

A：孩子做作業太慢。

B：他為什麼這麼慢，為什麼別人家的孩子都能很快完成？為什麼我對這件事一點辦法都沒有？

C：我很憤怒，忍不住要罵他。

D：

E：

● 第四步，在 D 欄對自己的想法和信念，做自我質疑和反思。你可以在冷靜後，跳出不良情緒，不斷問自己以下幾個問題。

問題一：我的想法一定對嗎？還有其他可能嗎？（我是真的沒有辦法嗎？不能找到辦法嗎？）

問題二：如何證明我的想法是對的，有什麼證據嗎？（別人的孩子到底都是什麼水準？）

問題三：導致這個結果還有其他的原因嗎？（寫作業慢的原因可能還有什麼？我和孩子的溝通方式是不是有問題呢？）

問題四：我的想法對自己有意義嗎？（我為什麼要把自己的孩子和別的孩子進行比較？）

● 第五步,在 E 欄寫下一個深思熟慮的新想法,來代替舊想法。

A:孩子做作業太慢。

B:他為什麼這麼慢,為什麼別人家的孩子都能很快完成?為什麼我對這個事就一點辦法都沒有?

C:我很憤怒,忍不住要罵他。

D:此欄寫下各種反思。

E:做作業慢是習慣問題,需要慢慢改變,不要急。我得先處理自己的焦慮,一定能找到更好的對策。

我們有了新的深思熟慮的想法後,當情境再現(孩子又出現了做作業慢的問題),當然你也許還會受到相同情緒的困擾。但是同時也會發現,新想法也開始對你產生新的影響了,它能讓你更快平復情緒,並打斷舊的溝通行為。你慢慢能開始嘗試用一種新的方式去對待問題,溝通也隨之發生了轉機。

信念調整法的刻意練習

請記錄你如何經由認知干預的方法，成功解決一個生活中的情緒問題。

A. 發生了什麼	
B. 我的想法	
C. 產生的後果	
D. 我的辨析	
E. 新的信念	

方法 5

太堅持或太忍讓，
都無法有效溝通

　　公司一位高層，下班後又回辦公室處理事情，發現辦公室的門已被秘書鎖了。他身上沒帶鑰匙，便撥打秘書的電話，卻一直沒聯繫上。這位高層很氣憤，發了一封措辭嚴厲的信給秘書，以表達自己的不滿。

　　面對這位高層的指責，秘書並不買帳，她據理力爭地表示：在此次事件上，自己沒有任何問題，鎖門是為了安全，工作以外的時間自己可以自由支配。

　　她還「勇敢」地提醒這位主管要注意說話語氣。最後，女秘書做出了一個驚人的舉動，把這封回覆給高層的信，同時也發給了公司的所有員工。

本來這只是企業內部的一件「家務事」，沒想到這封信在網路上被不斷轉發，一時間鬧得沸沸揚揚。最後，兩位當事人相繼離職。

對於這位女秘書的做法，你贊成嗎？你是為她維護自己的權利，據理力爭的做法拍手稱好；還是覺得她太衝動，沒有為長遠作打算，表現得有失妥當？遇到這種情況時，你又該如何做呢？

溝通中，我們都面對過是要「咄咄逼人」還是「息事寧人」的選擇。在直白與禮貌之間，該如何做得恰到好處總是困擾著我們。禮貌意味著我們要關注他人的感受，重視社會規範和約定俗成的規則；坦白意味著我們敢於表達感受、愛自己、不妥協。

但過於禮貌，缺少坦白，難免成為委曲求全的濫好人；而過於直白，缺少禮貌，又難免會對他人有所侵犯，顯得與他人格格不入，最終還會導致自己意想不到的損失。如何能在談話中進退自如，實在是一門功課。

「濫好人」的特徵

你是這樣的濫好人嗎？

- 自己像個被踢來踢去的皮球，兩頭受氣卻無處申

冤，因為害怕衝突，從來不敢表明立場。

- 老闆的工作方式讓你難以忍受，同事的合作方式令你為難，卻不知如何開口。
- 明明不願意、不喜歡、不想，但總是礙於面子，那個「不」字就是無法說出口。

這樣的濫好人可能看上去包容溫和，但其實內心壓抑糾結，甚至有可能成為定時炸彈。

1. 被壓抑的自我需求

濫好人無法堅持真正的自我需求，和「自我價值感」偏低有關。他們總認為「或許我做得還不夠！」「我真的可以嗎？」「如果沒有他的幫忙，我無法獨自完成。」他們擔心的事太多，無法照顧自己的感受。

2. 害怕失去他人

濫好人經常會說：「我不願意得罪人」「我不好意思拒絕」「人際關係很重要」。其實，他們內在的聲音是：「我在意別人的評價」「我擔心別人不喜歡我、不信任我了。」「我很害怕會因此受到損失，或者不公平的待遇。」

所以，濫好人的「好」是希望經由犧牲某部分權益，

來贏得好感和信任，是希望經由取悅他人，來保護自己避免被拒絕、被批評乃至失敗。

3. 缺乏對自己的瞭解

還有一些濫好人，從不表達自己的觀點和態度，這讓和他打交道的人非常困擾，常常不知該如何是好。「隨便」「都可以」「沒意見」是他們的萬用口頭禪。

其實，之所以不表達態度，是因為他們真的「沒有」態度，或者更準確地說，他們無法真正覺察到自己的需要。很多人不是不想表達，是真的不知道該表達些什麼，也不知道自己到底想要什麼，該拒絕什麼、又該堅持什麼。

委屈自己的濫好人們，不僅給自己帶來很多困擾，對於所屬的團體，也發揮不了太大的作用。因為他無法準確掌握自己的需求、表達自己的觀點，這會導致團隊溝通品質和工作效率降低。同時，那些內心無處可去的情緒與感受，會不斷積累，直到有天終於爆發。

4. 當法官

濫好人內心感到十分委屈，這份委屈會轉化為對他人的指責和無力的抱怨，例如，「世風日下啊！」「就是沒

人肯負責！」「大家都是暗著來！」甚至正常的競爭行為，也會被他們看作小人之道。這些人很可能經由保持一種道德上的「優越感」，遠離這些現實和衝突。這種逃避，只會使一個人的生存能力下降，不能為自己爭取應得的利益。

5. 倒垃圾

濫好人一旦遇到可以傾訴的對象，就會將自己的壓抑情緒傾瀉而出，向對方倒掉情緒垃圾。然而，這種不負責任的「卸載」一點都不環保。情緒垃圾不僅污染環境，也會讓大家對傾倒垃圾的人避而遠之。抱怨非常容易在團體中傳染和蔓延，影響成員的積極心態，且降低行動力，傷人也傷己。

6. 裝無辜

扮演受害者，也是濫好人的常用方法，經由示弱來換得支持和同情。有時，這種示弱的確能夠換來一些同病相憐的人附和，然而受害者是無法真正幫助受害者的，最終往往得不償失。

7. 推卸責任

在不敢面對或沒找到解決方案時，濫好人還會推卸責任。例如抱怨主管沒作為、公司不公平、市場環境不好、時運不濟等等。在太過強調外因的心態下，濫好人很難有真正的擔當。

要想在談話中，不成為委曲求全的「濫好人」，我們可以經由下面的練習來轉變。

- 從這一頓吃什麼開始，學習觀察自己的真實感受。
- 從今天穿什麼開始，學習選擇屬於自己的風格。
- 從身邊最親近的人開始學習討價還價，在一些一直以來讓你不舒服的事情上，嘗試說清楚自己的感受和要求。
- 選擇一個一直以來都想做卻沒有做的事，並且獨立去完成，期間不向任何人求助或訴說。

不要用愛自己當藉口

「不將就、不妥協，只照顧自己的感受，想說什麼別忍著，這樣多酷！」如果因為這樣的愛自己而咄咄逼人，我們對此也需要三思。

1. 愛自己，還是愛別人眼中酷酷的你

如今流行都在臉書、IG上不停曬幸福，仿佛不這樣做，就不算愛自己了。於是，我們按照別人眼中所謂的幸福，「努力」地愛著自己。同樣，我們也受到尊重自我意識的風尚影響，仿佛不努力主張自己，就會被他人鄙視。

可是，你瞭解自己真正的需要嗎？你知道在自己咄咄逼人後，要付出什麼代價嗎？在你酷酷地為自己發聲之後，也許會失去更多的晉升機會，也許會讓朋友黯然神傷。即使這會贏得一些朋友按讚，但真的值得嗎？

2. 愛自己，還是在讓自己失控

有個著名的棉花糖實驗，講的是老師把孩子們留在房間裡，說：「現在，你擁有一顆棉花糖，如果我離開後能堅持不吃掉它，那麼等我回來時就會再獎勵一顆，你就可以擁有兩顆。」有些孩子，無法抵抗誘惑，在等待中把棉花糖吃掉了。有些孩子，能夠堅持到老師回來，開心地享受他們的雙重滿足。這種等待的能力在心理學上被稱為「延遲滿足」。

這種能力是心理成熟的重要標誌，並不是要我們壓抑自己的需要，而是讓我們能擁有一種適度的控制能力，避免即時滿足，從而具備達成更長遠目標的力量。當我們面

對一個討厭的上司與枯燥的工作時，讓自己咄咄逼人地發洩，肯定比沉下心來堅持要容易得多。然而，把心沉靜下心來獲得更好的結果，是否才算真的愛自己呢？

3. 愛自己，是否一定要傷害關係

很多人都會抱怨：「我必須離開這個工作！」「都是因為和他一起，我才這樣的！」「如果換一個人，我一定會幸福！」改變關係就可以改變我們的處境嗎？換一份工作就可以解決問題嗎？換一個上司，就可以高枕無憂嗎？

當我們過分強調愛自己的時候，會看不到自己的問題，甚至一有意見就脫口而出「我不幹了！」「我堅持自己的想法！」，咄咄逼人，那必定會傷害關係。有時，我們恐怕只是圖一時痛快而做出衝動的事，卻很快又要面對接下來的問題和更多的煩惱。

問自己 4 個問題

要想在談話裡，不藉著「愛自己」說出反而會傷害自己的話，開口前要先自問幾個問題。

1. 第一問：我想要的結果是什麼？

所謂結果，不僅僅是當下的結果，還包括未來可能導致的後果。這不僅僅是「一事一議」的結果，還包括一件事所波及的所有相關人事物。

此外，結果不是一個人的勝利與否，還包括組織或團體是否可以共贏。對結果的思考高度和視角，決定了一個人的溝通策略。在之前的案例中，女秘書只想逞一時之快和捍衛尊嚴，如果她能先冷靜地想一想，自己想和上司建立一種什麼樣的關係、工作上往後想怎麼發展，恐怕就不會如此「果斷」了。

2. 第二問：我這樣做違背原則嗎？

在溝通中，不僅要考慮自己的原則，還要考慮環境中的規則。我們需要遵守公司的規章制度、社會的法律規範和行業準則，以及社會的道德和良知，這些都需要我們用心權衡。

就像前例的秘書，在和主管對話前需要考慮：

- 對待工作以外的時間，我的處理原則是什麼？
- 我的崗位職責是什麼？是否和自己的原則衝突？
- 我往後該如何對待我的上司？

● 公司中上下級的相處方式，一般情況下是什麼？
● 公司群組內發信的許可權和規定是什麼？

　　女秘書的做法，也許沒有違背自己對工作之餘時間安排的原則，也許沒有違背自己對上級「坦誠溝通」的原則。然而，她隨意發信給所有員工，這種方式是不妥的。由於這封信的轉發，使企業遭受信譽上的損失，顯然當事人需要為此付出代價。將你的原則和外界的原則相權衡，這是「從心所欲，不逾矩」的智慧所在。

3. 第三問：還有更合適的方法嗎？

　　語言的表達是內在力量的顯現，它的使用要講究策略。在表達過程中，我們所選擇的方式、方法、場合、時機，都是需要考慮的。其實，如果女秘書不那麼針鋒相對地處理問題，而能夠管好自己的情緒，仔細想想是否還有其他辦法，事情完全有可能是另一種結果。

　　她可以選擇給主管單獨發訊息或寄信溝通，也可以選擇在與主管溝通未果的情況下，向更高級別的高層反映。當然，更好的方法是，平時就處理好和上級的關係，那麼這樣的事情也許就會得以避免。

4. 第四問：我能為結果負責嗎？

　　有人認為：「說了就說了，我可以承擔這個責任，不就是丟了一份工作嗎？再找一份就是！」這個想法恰恰是對自己前途的不負責。在我們的職業生涯中，每一個工作機會都十分寶貴，每一位同事都可能是我們的貴人，每一個事件的處理都是口碑和職場信譽的積累。如果只逞一時之快，導致自己今後的職業發展有所阻礙，未免得不償失。

　　我們說出去的每一句話，不僅要對自己負責，還要對他人、對企業和社會負責。試想，如果是你發出了這封信，並由於網路轉載引發了企業的信譽問題，這個損失又該誰來承擔呢？

　　每個人都有追求自由的權利，然而，你的自由要有界限。

禮貌與直白的刻意練習

　　找一個有關「要禮貌」還是「要直白」的兩難的溝通話題，可以是你正在面臨的難題，或過去曾發生的事情，接著經由四個問題來進行思考。

描述你的問題	我的思考結果
第一問：我想要的結果是什麼？	
第二問：我這樣做違背原則嗎？	
第三問：還有更合適的方法嗎？	
第四問：我能為結果負責嗎？	

方法6
這5個定律，
讓你的角色不衝突

　　跨國婚姻中的衝突，基本上都是世界大戰。

　　假如有一對夫婦，妻子是台灣人，丈夫是美國人，他們的兒子在台灣長大。十幾年後兒子有了孩子，由於經濟壓力太大，提出請爺爺奶奶幫忙帶孫子。在這個家裡，此提議的溝通會很順利嗎？

　　在台灣長大的混血兒子會說：「我還沒有穩定的工作，請爸媽幫忙帶我一下孫子吧。」

　　美國爸爸會說：「我只是這個小寶寶的 Grandpa，你已經是成年人了，自己的孩子自己處理。」

　　這時候，即便已經國際化的台灣媽媽，仍顯得左右為難，她恐怕也不知道自己這個「奶奶」該怎麼辦了。

在語言的字面意義上，爺爺和 Grandpa 並無差別，但在這對父子的心裡，這兩個詞卻有著千差萬別的理解。

語言的背後是情感，情感的背後是價值，價值的背後是角色認知。而影響角色認知的是一群人的精神信仰和生活方式，這有時被稱為文化。文化決定了一群人對某一個角色的理解，當這種理解存在差異時，溝通的衝突就一定會產生。

定律 1：開口先想想「我是誰」

一個人的一言一行，往往透露著你對自己當下這個角色的理解。

我歸納了一些年輕人離職的理由，發現會有這樣的表達：「伙食不行，不想待了！」「擠捷運，太累了！」「這個工作一點意思都沒有！」這些孩子氣的表達，會讓企業覺得，你並沒有真正進入一個職業人的角色。

而另一組調查顯示，那些員工最不喜歡的上級，常常會說：「這件事我也沒辦法，你自己解決吧。」「這是公司的規定，你跟我說也沒用。」「你執行就好了。」說這些話的時候，管理者離開了自己承上啟下的管理角色，變得官僚化，不能承擔責任，他們自然也不會受下屬信服。

而當一個委屈的客服人員朝著投訴的客戶大喊：「你憑什麼對我發脾氣啊！又不是我的錯。」這時，他也已經離開了自己的服務角色。因為組織賦予這個角色的一部分功能，就是化解和安撫客戶的負面情緒。

　　很多時候，溝通中存在著一種約定俗成的關係模式，你的角色也在進入這個關係時，就被定型了，我們都不得不遵從在關係中，對這個角色所定義的遊戲規則。而話說得是否合適，就要看你對這個角色的理解程度了。

定律 2：對話前先想想「他要做誰」

　　王艾美今年 50 歲，在貿易公司行政部工作，是公司的老員工了。她喜歡打扮、性格活潑，雖然在公司裡屬於年長者，但依舊不時透露出小女人情懷。

　　一位剛畢業的年輕大學生，初來行政部報到，發現和王艾美年紀差不多的同事，都直接喊她的名字，連部門經理也這麼叫，而王艾美似乎也欣然接受。作為同事，她該怎麼稱呼這位大姐呢？

　　A. 王姐

　　B. 王阿姨

C. 艾美
D. 艾美姐

選 A，你屬於一本正經型。

你選擇了一個比較安全的稱呼，既不失長幼之間的尊重，又不違背同事之間的平等親和。這個稱謂，可以讓你和年長的同事保持適度的距離，又賦予她作為「姐姐」「過來人」的優越感，能提升未來她幫助你的熱情。

選 B，你屬於不解風情型。

雖然在年齡上，王艾美的確可以做你的長輩了。但從言行作風上，可以看出她依然希望保有一顆年輕的心。你的這一句「阿姨」，讓她情以何堪，令人萬分尷尬。

選 C，你屬於禮儀欠缺型。

由於你們年齡差距過大，直呼其名顯然很沒有禮貌。稱呼本身，最重要的是要展現出對對方的尊重。在中國文化裡，對於長輩以及職位在你之上者，應使用尊稱。

直呼其名會令對方感覺到，身為年長者卻沒有得到尊重。又或許她本人可以接受，但已經影響到其他同事對你的評價。

選 D，你屬於貼心乖巧型。

你是一個乖巧貼心的人，你的一句「艾美姐」，不僅拉近了彼此的距離，又表達了尊重和友好。如果在你的聲音中，還伴隨著軟軟甜甜的聲調，喚出她對青春感的認同，想必艾美姐的心裡一定非常享受。但是，由於這個稱呼稍顯甜膩，會不利於你們之間保持適度的距離。

在與別人互動的過程中，最重要的是去關注對方內心最在意、最認同的那個角色。例如，一個對企業家身份非常認同的老闆，是個工作狂，那麼他對自己「王董」的這個身份是最認同的，無論在工作還是生活中，他可能都喜歡別人呼喚他為「王董」。

再例如，剛成為母親的女人，對於自己初為人母的這個角色有非常多的情感，那麼此時對她喊一聲「○○的媽」，她可能會心花怒放。

理解了對方對角色的態度，看人入心，方可說動人心。以下根據溝通對象，提供幾個小提醒。

- 與女性溝通不要忘了她的情緒。
- 與男性溝通不要忘了他的驕傲。
- 與上級溝通不要忘了他的地位。
- 與老人溝通不要忘了他的自尊。

● 與孩子溝通不要忘了他的天真。

定律 3：主動適應權威關係中的角色衝突

有一句網路流行語，說透了中國的親子關係：「父母一輩子都在等孩子說聲『謝謝』，而孩子一輩子都在等父母說聲『對不起』。」這體現了我們對權威關係的理解，出現了非常重要的變革。

在傳統的理解裡，父母從擁有父親、母親的角色身分開始，就擁有了與這個身分相關的權威地位。自下而上必然的尊重、服從，成為對權威關係的共識。父母也會給予孩子生活經驗、財富、精神的傳承，在心裡也自然需要這一句「謝謝」。

但隨著時代的快速發展，即使父母的經驗和智慧，不足以給孩子足夠的指引，也不足為奇。代際之間甚至出現了反哺的現象，孩子教父母使用新媒體，從日常生活各方面滲透新思想、新文化。

這種反哺給傳統的家庭教育方式、相處方式帶來變化，無聲地挑戰著家庭固有的權威模式。如果父母還是執意按照傳統的方式去對待、控制、要求孩子，久而久之，孩子的心裡就會需要來自父母的這一句「對不起」。

權威關係的變化，也為我們在企業管理中的上下級關係帶來新的挑戰。上級的「要執行」一再受阻，但下級的「展現想法」呼聲也很大。有些管理者可能一時不太知道，除了傳統的賞罰以外，還有什麼方式可以激發新生代員工的積極性。

　　這種管理者和員工之間的代際溝通衝突，在傳統的國營企業非常常見。在這些龐大的組織裡，上一代的管理者還沒有退休，他們內心對權威關係的理解還停留在過去式。而新一代的年輕職員已經上線，他們帶著全新的理念，要重新定義工作的價值。

　　很多管理者困惑於在這樣的情勢之下，到底誰該適應誰？其實，這是一個雙方都需要主動適應的過程。適應並非是妥協，也不是遷就，只是需要換一個讓對方舒服的溝通方式。

　　一名諮詢顧問，到一家企業上有關代際溝通的培訓課。上午，他給老員工授課的開場白是：「各位主管早安，很榮幸能夠來和各位聊一聊，關於我在代際溝通方面的一些研究心得。先請問各位，你們都說：『年輕人不好管了』，這是為什麼呢？」

　　隨著一個個案例的分享，老員工們經過顧問分析，逐

步理解了年輕人的心理現狀，也紛紛表示，願意換個方式好好溝通。

下午，換給年輕員工授課，他的開場白是：「各位午安，很開心跟你們一起聊聊代際溝通的事。話說昨天我也去搶了 iphone，新的功能真是酷，唉，不過又燒錢了。」

在一陣笑聲、閒聊過後，他徐徐展開老一代的故事，傳達上一代的人們對於「酷」的工作、「酷」的人生觀又是什麼。

定律 4：入境隨俗

在不同的文化背景下，不同的角色內涵有明顯的差異化定義，這種差異，並非僅僅存在於國家與國家之間。即使在同一個國家，不同組織或不同家庭之間，也存在著巨大差異。這種差異，往往是溝通衝突的來源。

好比新婚夫妻都會度過一個漫長的磨合期。你可千萬別以為，要求把脫下來的襪子馬上丟進洗衣籃裡，是一件容易溝通的事。也不要想當然爾地認為，一輩子都是全職家庭主婦的婆婆，能短時間內理解兒子娶進門的職場女強人，這些溝通都需要翻越千山萬水。

學會入境隨俗是最快的融入方式，先學會使用對方的

「語言」，對建立關係至關重要，儘管我們一開始未必理解。入境隨俗之後，你就可以慢慢去體會和理解，這些「語言」背後的真正含義，不斷積累這些詞彙給你帶來的新體驗。

循著這個過程，對於要融入一個新團體的我們來說，會變得比較容易。很快就會發現，你已經成了和團體的一份子。

但對於兩個「勢均力敵」的人來說，要組成一個和諧的新家庭，恐怕需要一段長時間才能相互同化。

定律5：多角色平衡

每個人的一生都會扮演不同的角色。工作中，我們是經理、職員、會計；生活中，我們是孩子、父母、丈夫或妻子，這些角色都需要我們用心對待，並且在不同的場合間不斷轉換。

不管你是一名多麼能幹的女老闆，在兒女面前，你也不過就是一個操心的媽媽，不適合用指揮下屬的溝通方式去教育孩子。

同樣地，面對一個產品問題，作為下屬向老闆彙報時、作為客服對客戶做解釋時，和作為同事與技術部門探

討解決方案時，你都要好好把握每個角色的不同表達尺度。盡可能地用不一樣的表達方式，在不同的角色裡，平衡各種關係。

　　只有孩子才會用「唯一的角色」與世界互動。因為孩子只有一個角色，那就是孩子本身。所以當你聽到一個成年人，還在不斷地說：「你們為什麼不幫我？」「都是別人要我這麼做的，不關我的事！」「都是因為誰誰誰才變成這樣……」那麼，他的內心世界一定還沒長大。

權威關係中溝通的刻意練習

請你選擇一位和你有溝通困難的朋友，進行以下的刻意練習。

他令你舒服的溝通方式有哪些？	
你打算如何增加這些溝通？	
他令你不舒服的溝通方式有哪些？	
你打算如何應對？	
他喜歡的你的溝通方式有哪些？	
你打算如何增加這些溝通？	
他不喜歡的你的溝通方式有哪些？	
你打算如何改善？	

第 3 章

面對衝突時，轉個想法，就能讓人聽進你的話

方法7
理解男女性格大不同，
才能無障礙溝通

男性不接受矯正，女性不需要拯救

女性天生有改造男性的衝動，像一個出於好意的媽媽。於是，總難免絮絮叨叨、問東問西、噓寒問暖。可是男性對來自於女性的「矯正」卻十分敏感、非常排斥。

因為這會影響男性的自信心，讓他們覺得這是一種侮辱，傷害了他的自尊，質疑了他的能力，當然會憤然拒絕，或非暴力不合作。

他們喜歡把控制權掌握在自己的手裡，所以你越干涉，他就會越抵抗、越不願意說出真實的想法。如果男性感覺你不信任他，就會變得更加固執己見。

所以當女性熱情地給男性提建議，希望他變得更好時，往往適得其反。當男性不聽取這些建議時，女性又會

把男性的沉默和憤怒當作「他根本不在乎我」「他根本不知好歹」「我對他來說根本無關緊要」「我做了這麼多他根本不領情」，於是溝通的衝突更加劇烈。

男性不喜歡不請自來的援助，或多此一舉的同情，所以給男性提建議時需要以下技巧。

1. 變命令為選擇

例如，「我覺得你選的那件格子襯衫，和我的裙子有點不太搭，明天去參加聚會時可以換一件嗎？」讓男性感覺到，控制權始終掌握在自己手中，這點很重要。

2. 變複雜為簡單

「能不能跟我一起逛個街？我想幫你挑點衣服。」像這樣簡潔有力地說就好，不要長篇大論，也不要委婉鋪墊，例如，「你今年升職了，穿著對於職場很重要的，穿衣服的品位也會影響別人對你的評價……」繞來繞去說了很多，在說到正題要去買衣服前，男性早就覺得你又想改造他了。

3. 變確定為不確定

「這件事我不太確定是不是應該告訴你？」「我不知

道我的理解對不對？」「我說說我的想法，你看看能不能認同？」不要在男性面前扮演專家、權威，或者不分時候場合去批評男性，給他留有自尊心很重要。

至於女性，是情感的動物，情緒起起落落實在是一件很正常的事。當女性有情緒的時候，需要的並不是解決問題，而是解決情緒，她需要的只是陪伴和傾聽。

但是很多男性迴避情緒的問題，卻以解決問題為己任，非要女性說清楚發生了什麼事、非得給建議不可。女性因此會心情更差而拒絕建議，這點讓他們很受挫，不禁自我懷疑。一次次敗下陣來，更是一見到女性的情緒問題就逃之夭夭，往後為了「自保」，他會說：

「你根本沒必要這麼擔心！」
「好吧，那就當我什麼都沒說。」
「我這不是在跟你討論嗎？」
「那你要是覺得我解決不了，還跟我說做什麼。」

這些話，顯然會激起更大的情緒地雷，非但不會讓女性情緒好轉，還很可能會引起更大的爆發，甚至會衝著你大叫：

「你根本就不關心我的感受！」

「你根本就不在乎我！」

「你給我走！」

事實上，女性大多時候不需要被拯救，卻需要實實在在的陪伴。另一半很多時候，只需要做一些小小的改變，例如以下幾點。

4. 變拯救為包容

男性不要以為女性的情緒化是由於你「做了什麼」造成的，很多時候其實和你根本沒關係。所以看到女性情緒非常低落時，別總想著把她從壞情緒中拯救出來，這往往會多此一舉。沒有了這個負擔，你就會多一些耐心，不再害怕她發脾氣。

5. 變小事為重要的事

女性對一些小事是非常在意的，例如，每天關心一下她今天過的怎樣；或者出差在外的日子，簡單地報個平安。男性很可能覺得這些小事沒意義，可這偏偏是女性總放在心上的事。

6. 變沮喪為理解

女性情緒化的時候，可能會表達一些過分的評價，或者對你的付出視若無睹。例如，當女性的心情跌入谷底，曾經的不愉快就會被回想起來，突然翻起舊帳來清算。

這個時候男性難免感到冤枉，但如果你能明白，你的沉默和逃避有著同樣的殺傷力，也許就可以理解女性情緒上的一些局限了。

放男性走，聽女性說

男女對待壓力的處理方式也大不相同。遇到難題時，男性希望排除一切干擾，全心全意想解決辦法，直到問題解決以後才會鬆下一口氣。心情不好的時候，男性更傾向於守口如瓶，把事情都藏在心裡，除非到了必須求助於人時，才會考慮說出來。

此外，他們有壓力的時候，喜歡一個人待著。例如，玩玩手機、打打遊戲，轉移了注意力之後，大腦就不再牽掛那些煩心的事了。有時會去做一做運動，例如，爬爬山、打打球，在運動中壓力也隨之釋放，使他們能恢復精神體力。

如果你不能理解這一點，衝突就會發生。加上男性帶

著壓力和問題時，言語上總會表現得心不在焉、反應遲鈍。這時女性如果關心地上前說：

「發生什麼問題了，快跟我說說？」
「你是不是壓力很大？」
「我可以幫你分擔啊，你難道不信任我嗎？」
「你有沒有聽我講話，我是空氣嗎？」

越說男性就會越急躁：

「沒什麼，我不想說。」
「煩不煩，能不能讓我自己安靜一下。」
「你不要無理取鬧好不好！」

於是世界大戰，一觸即發。要知道，男性有需要獨立空間的這種天性，不管有什麼天大的事，學會放手讓男性獨處，是女性的修煉。

1. 別往壞處想

當男性想一個人待著，或者沒有興致聽你講話時，不要胡思亂想，要瞭解這是他們的天性，就不會給自己找麻

煩。如果你對這件事十分介意，可以雙方先做好約定，讓他能偶爾實現「我想一個人待一會兒」的願望，而不要自己一言不發地生悶氣。

2. 別往死路逼

一旦男性想要自己待會兒，千萬不要不停關切、詢問他的感受或是喋喋不休，例如「發生什麼事了？」「你想待多久？」「要不要我幫你做什麼？」「是不是很嚴重啊？」「為什麼不告訴我？」

3. 別往一起湊

不要企圖盤旋在男性的視線範圍之內，也不要提出一起做某事，例如「我陪你待會兒。」「我跟你一起去打球吧。」

4. 別去翻舊帳

當男性解決好問題，興高采烈地再次出現時，謹記別翻舊帳，例如「你說走就走，知道我等得多辛苦嗎？」也不要八卦「事情解決了嗎？」最好假裝什麼都沒發生，他想說時自然會開口。

5. 別往窄路走

　　不妨暫時恢復單身狀態，讓自己在這段時間裡找點事做，跟閨蜜聊天、單獨帶孩子吃大餐。你的輕鬆快樂，不僅會讓男人如釋重負，也能讓自己體會到前所未有的獨立與自由。

　　女性面臨困境時，與男性的表現方式完全不同。她們喜歡找人談自己面臨的困境，滔滔不絕地講述各種感受。但有時候並不急於解決問題，因為在訴說過程中，答案往往會自然浮現出來。

　　她們將各種猶豫不決向信任的人一一傾訴後，心裡就會感覺好多了。不會視遇到麻煩或者解決不了問題，是件難以啟齒的事，反而覺得有人願意傾聽和陪伴，是因為自己有人緣、有人愛。

　　但當女性把你當成了傾訴的目標後，話匣子會一下子打開，喜怒哀樂傾瀉而出，將細節反反覆覆陳述。男性對這些情緒，通常沒有那麼多的耐性一一傾聽，於是急於不斷地「出招」。

　　「那你到底怎麼想的呢？」
　　「你把這件事解決了不就行了。」

「生氣能解決問題嗎？」

而女性似乎對此根本不領情，反而會這麼反擊：

「你根本就不懂我！」

「你從來不明白我的感受！」

「你有沒有認真聽我講話！」

男性又挫敗又不甘心，於是兩個人就又回到了劍拔弩張，各自穿上盔甲的戰鬥模式。女性罵男性「沒良心」，男性覺得女性「不可理喻」。男性面對女性的壓力和呼救，總是束手無策。其實，讀懂了女性的溝通模式，一切就會變得很簡單。

6. 接受你的局限

不要非逼著自己去搞清楚女性產生情緒的前因後果，或者給自己壓力，一定要對她的情緒負責。你可以嘗試這樣表達：「你看你這麼難過，我卻不太會表達，你可別介意。」「我神經比較大條，你的情況我不太能理解，不過如果你願意說，我就陪著你。」

7. 確認你的功能

就像女性無法分辨男性是想自己待一會兒，還是「不愛我了」，男性也分不清楚，女性到底只是想傾訴，還是需要解決問題。

所以，不妨相互做一個約定。當女性情緒來的時候，就直接表達：「我現在很難過，但不用幫我出主意，聽我說說就好。」

8. 試著說點好話

男性總覺得有些事無須解釋，認為「我沒做虧心事，油腔滑調不是我的風格。」或有時候，男性會覺得「我在女性面前認了錯、服了輸，那以後多沒有面子。」其實恰恰相反，只要你能夠不卑不亢、姿態放低，甚至說幾句好聽話，反而會獲得女性更多的尊重。

9. 建立社交支援系統

一定要鼓勵女性去多交一些朋友，或培養自己的愛好，不要輕易放棄工作。因為如果你是她唯一的情感資源，那麼必然要承擔很多的「情感加工」任務。

10. 享受跌宕起伏

在男性理性的世界裡，通常缺乏陰晴圓缺，潮起潮落的跌宕起伏。如果你慢慢找到了傾聽的門道，也可以體會到女性的情緒變化，享受情感的波浪，會讓你的人生更完整。

「我值得愛」與「我能依靠」

在傳統文化裡，女性習慣犧牲自己去照顧別人，或者有靠付出和討好去迎合的傾向，這就會讓女性的任勞任怨背後常常帶著委屈。委屈就會產生抱怨，既不能好好地表達自己的需要，也不敢欣然地接受他人的給予。這種表現又會讓男性感覺自己很沒用，沒有得到鼓勵，自然會減少付出。於是「我不值得愛」的結論，成為女性的內心深處的噩夢。

同樣，男性也有自身的恐懼，那就是怕自己不夠有力量。所以，其實他給予的時候，是非常患得患失的。會害怕他的給予解決不了問題，不能讓女性滿意而失去對方信任，也怕失敗了會被嘲笑。這樣的心態下，自然無法贏得女性的鼓勵，而且會招致抱怨和批評（如表 3-1 所示）。

原生家庭對兩性關係的影響巨大，如果在一個家庭

中，母親就是一個含辛茹苦、任勞任怨的女性，那麼女孩長大後就很難學會去珍愛自己，學會提要求，學會心安理得的接受。

同樣地，如果男性在成長的過程中，沒有一個非常自信、讓母親滿意的父親，他也不敢堅信自己會成為一個合格的伴侶，甚至因此在成長過程中，沒有一個可以模仿的榜樣。此外，男性如果有一個非常強勢的母親，也會讓他對女性充滿恐懼。

為了讓當初難能可貴的心動，不發展成令人遺憾的局面，我們需要努力共同做出一些改變。

表 3-1 ▶▶兩性的「情感偽裝表」

男性	女性
當他生氣時，其實是： 悲傷、歉意、內疚、恐懼	**當她焦慮時**，其實是： 生氣、內疚、恐懼、失望
當他漠不關心時，其實是： 憤怒	**當她激動暴躁時**，其實是： 尷尬、無助、悲傷、沮喪
當他武斷時，其實是： 擔憂、沒有把握	**當她恐懼時**，其實是： 受傷、悲傷
當他故作冷靜時，其實是： 恐懼、失望、退縮	**當她假裝幸福時**，其實是： 憤怒、悲傷、難過、失望
當他咄咄逼人時，其實是： 膽怯、恐懼	**當她寬恕時**，其實是： 憤怒、失望

1. 女性先來鼓勵

別對男性有對父親般的期待，要大方給予稱讚，像對待孩子一樣。不必總記掛著大事，要及時地針對每件小事給予積極的回饋。

例如「你今天聽我說了這麼多，太好了！」但其實可能只花了 5 分鐘。「你幫我把孩子管一管，我就覺得輕鬆多了。」但其實可能只是給孩子煮了泡麵。有了即時的鼓勵，優點會越來越多，進步會越來越大。

2. 男性學會翻譯

女性說話不直接時，男性要學會「翻譯」。例如，女性說：「你根本就是對我視而不見！」這很可能就是因為你回家時進門沒打招呼。又如，女性說：「我再也不想做這些家事了，我是你們的老媽子嗎？」這就是今天太累了。因為女性真要放棄什麼的時候，反而會冷靜異常，什麼都不說。

3. 學會提出要求

女性提出要求時，要把內心深處的形象包袱丟掉，男性有付出、肯擔責任才會成熟。所以，女性要學會提要求，也要會把握時機說，簡單明瞭、不要說教。千萬不要

用暗示的方式，男性大部分聽不懂。而且只要他有所表現，就一定要鼓勵，做不好也要忽略不計，下次的要求才會有效。

4. 在給予中成熟

男性終於學會了理解女性的情緒，滿足女性的要求，在付出和給予中越來越得心應手，自信心和成就感隨之增加，這會讓男性走向成熟。此時，理性的優勢才能好好地發揮作用。男性終於可以站在更高的格局和視野裡，給予女性指引和依靠，贏得崇拜和追隨。從此，天下太平。

男女有別的刻意練習

尋找你信任的異性，一起探討本章的內容，記錄你的
發現，並請他給你一些與異性溝通的建議。

發現1：	對方的建議：
發現2：	對方的建議：
發現3：	對方的建議：
發現4：	對方的建議：
發現5：	對方的建議：

方法8
和孩子用成人的方式對話，絕不「暴力溝通」

　　M畢業好幾年了，一直和父母一起生活，目前沒交往對象。她從事業務工作，工時長、壓力大，平時有父母照料日常生活，下班後倒也樂得清閒。每天吃完飯，她便會把自己關在房間裡上網。

　　這天晚飯過後，M放下碗筷，抬起腳準備回自己的房間。家裡每日例行的溝通，就從媽媽的嘮叨中開始了。「我都60歲了，還伺候你，什麼時候才能出頭天。」「隔壁跟你同年的小陳，早就成家了，你卻連個男朋友也不找。」

　　M想趕緊進房關門，老爸的管教卻也在此時開始：「我跟你說，你這樣下去不行！你這叫啃老知道嗎？」「一點責任感都沒有，這麼多年書都白念了！」聽到這裡，M「呼！」的一聲關上房門。

過了好一會兒，M 出房間倒水。沒想到，沙發上的母親一邊給自己摺衣服，一邊掉著眼淚，嘴裡還唸著：「唉，什麼家事也不會，我看也是嫁不出去了。不管她又能怎麼辦，這就是我的命！」

M 的無力感又湧上心頭，她也曾無數次想離開家，又沒有勇氣改變現狀，這天直到睡前都處於抑鬱狀態。

警惕用嘮叨表達情感

嘮叨是很多上了年紀的父母用來關心孩子的方式，但孩子對此並不領情。其實，這些嘮叨的背後，往往藏著父母需要被理解和被傾聽的心。無論是父母還是孩子，可能從來都沒有學會如何表達自己的情感。

表達憤怒時，你可以這樣說：
「我不喜歡……」
「我現在很生氣……」
「這件事讓我非常生氣！」

表達悲傷時，你可以這樣說：
「我對這件事感到很失望……」

「因為……我很難過，我覺得……」
「你說的那一句話，我為此很受傷……」

表達恐懼時，你可以這樣說：
「我很擔心……」
「我好害怕，我需要你幫我……」
「我不希望發生……因為……」

表達懊悔時，你可以這樣說：
「這件事讓我很尷尬，因為……」
「我很抱歉，我沒有考慮到……」
「我沒那個意思，沒想到……很抱歉。」

表達愛時，你可以這樣說：
「我會支持你！」
「我想我能理解！」
「我很感謝你為我……」

警惕用指責代替要求

當我們希望孩子改正一些行為的時候，有時會充滿戾氣，把孩子批評得體無完膚，彷彿說得越狠、越難聽，效果才會越好。事實上很多家長的難處是，除了罵人，真不知道怎麼說才有用，但有些指責距離侮辱，就只有一步之遙。

古人有教子「七不責」，這七條原則不僅適用於家長，也可作為領導者、管理者，甚至夫妻、朋友之間溝通的禁忌。

- 對眾不責：在大庭廣眾之下不要責備，要給他人保留尊嚴。
- 愧悔不責：如果他人已經為自己的過失感到後悔，便不要再責備。
- 暮夜不責：不要責備已經準備上床睡覺的人。否則帶著沮喪失落的情緒上床，要麼夜不能寐，要麼噩夢連連。
- 飲食不責：不要責備正在吃飯的人，即不要在飯桌上說「教育」的話，以免影響腸胃消化。
- 歡慶不責：不要責備特別高興的人，對精神上的傷

害很大。

- 悲憂不責：不要責備悲傷、憂愁的人，這會有損他們的心理健康。
- 疾病不責：不要責備生病的人，待身體好轉再做溝通。

更積極的做法是提出改正建議，有效步驟如下。

- 第一步：說明不當行為的具體事實。
- 第二步：強調不當行為對當事人成長的負面影響。
- 第三步：觀察當事人的反應，給予解釋的空間。
- 第四步：在獲得共識的情況下，提出具體要求。
- 第五步：獲得當事人的承諾。
- 第六步：持續不斷地監督，直到行為改善。

警惕用比較掩蓋期待

別人家孩子的成就，往往被當做很多父母對自家孩子的期望。但有時自己的孩子奮鬥一輩子，也很難達到別人的成就。因此「別人家孩子」，不知不覺中，可能成為一個人一輩子的假想敵。

我們好像習慣了用比較來表達期待，而從不滿足於自

己當下所擁有的。一個愛挑毛病的老婆，會說別人老公如何如何好，說你這點那點做得不對；一個愛比較的主管，會說你看別人都可以做到，怎麼你就做不到。

我們的心裡，於是也多了一個愛比較的「法官」，不斷地對自己不滿意，總是覺得自己不夠好。想擺脫這種習慣比較的心態，可經由以下幾點逐步改善。

- 收回不切實際的期待，回歸真實的自己。
- 不要經由他人（特別是孩子），來滿足自己未實現的願望。
- 打破「自戀」的心態，接受不完美的自己。
- 在和自己的溝通中，惕除和「比較」相關的字眼。
- 學會給自己的每個小小的進步給予鼓勵，不急於一步成功。

警惕用擔憂轉嫁焦慮

家長們特別容易擔憂，很多人對孩子從小煩惱到大。孩子生下來煩惱身高、體重；孩子上學了煩惱成績、名次；好不容易孩子上了大學，又開始煩惱他的工作、煩惱有沒有對象；孩子終於結婚了，就開始煩惱何時抱孫子。

　　兒行千里母擔憂，讓我們誤認為父母的擔憂一定是愛。更讓人無奈的是，父母總要將這種擔憂時刻掛在嘴邊。表面上看，嘮叨是因為孩子做得不夠好、不夠讓人放心，實則是為了化解父母自己內心無法消化的焦慮。

　　結果，你的擔憂反而傳遞了焦慮，成了束縛他人的魔咒。身為父母的你，應該試著做到以下幾點。

1. 區分究竟是誰的需要

　　有一種冷叫作「媽媽覺得你冷」。於是，媽媽會一直擔心孩子冷到、受寒了，不斷提醒要多穿多飽暖。然而，到底是孩子真的覺得冷，還是你需要讓孩子多穿以求心安，從而緩解你的焦慮？這件事需要先分清楚。

2. 不要害怕孩子走彎路

　　家庭教育專家海藍博士，曾發過這樣一個貼文，讀後令人頗有感觸。父母們常說：「因為我們是過來人，走過的彎路不想讓你再走，遇上的陷阱不想讓你再跳。」時代在變，你所遇到的彎路，也許是孩子的正途；你所遇到的陷阱也許現在根本不存在。

　　即便你想避免的，的確是彎路、是陷阱，也須讓孩子學會識別和應對，能力是在體驗和掙扎中獲得的、挫折是

人生經驗的來源，而痛苦是心靈成長的材料。

3. 有所行動，比擔心更有用

很多老是把擔心掛在嘴邊的父母，往往是在現實裡缺乏實踐力量，缺乏實踐力量的表現就是「光說不做」。畢竟如果擔心，就要做點什麼：如果擔心女兒不會做家事而嫁不出去，那就應立刻開始培養她這方面的能力，或者幫她積極找不要求做家事的對象。而不是一邊擔心女兒不會做家事嫁不出去，一邊卻包攬所有家務。

警惕用付出實施索要

在情感關係裡，很多人特別愛演上苦情戲和苦肉計。為了讓孩子聽話，總是訴說自己的辛苦和不易，想讓孩子因為內疚而答應父母的要求。或是為了阻止另一半離去，刻意表現得非常可憐，想讓對方感到於心不忍。他們常用「受害者模式」的質問與控訴，企圖引出對方的罪惡感，「你難道不知道這對我有多大的傷害嗎？」「你知道我做了多少犧牲嗎？」

1. 明確彼此的界限

　　溝通中，進退的尺度即是我們的界限。退一步，會覺得忽略了自己的感受；進一步，便強加了自己的意志。在很多親子關係裡，界限常常很模糊而無法劃清，母親覺得孩子是自己的全部，孩子覺得母親就應該照顧自己。如此過於緊密的連接，時常會讓雙方感覺靠得太近，透不過氣。

2. 需要和索要是一線之隔

　　孩子沒有成家，和父母一起生活並無不妥。工作辛苦，父母幫忙張羅三餐也屬正常。可是，吃完飯放下筷子就走，也不懂得幫忙家務，這就是對父母索取過度了。父母愛自己的孩子，想要孩子多一些關心、多一些陪伴，屬於正常的需要。但如果要求孩子事事都彙報，非得把生活、交友都交代一番，這也屬過界了，過了界的需要，就會變成「索要」。

3. 付出和控制就在一念之間

　　很多喜歡付出的人，不知道為什麼自己做了那麼多，對方卻不領情，甚至有時還演變成憎恨。因為，你的付出裡，實在有太多對別人的控制和期待。你藉由付出想交換

的，單方面是你個人想要的，但並不是別人願意給的。一個包辦了孩子所有生活的母親，拿捏得不好，就好像偷竊了孩子的人生，一念之間，愛就變成了控制。

警惕用溺愛滿足補償

時代在進步，生活水準提高了，於是很多家長變得非常相信無條件的愛、孩子要富養。管教少了，取而代之的是溺愛和無條件的平等。

家長們有時，是為了補償自己兒時沒有得到滿足的溫飽和尊重、權利和自由，便過度地寵愛和縱容，這種畸形的養育其實是為了實現自己的滿足感，而孩子一定會為此付出成長的代價。

例如對於獨生子，家裡幾個大人前呼後擁地關照著，衣來伸手、飯來張口。或是某些家長宣導所謂的新式教育，講究尊重孩子的獨立自主，卻演變成孩子不懂得遵守生活常規。還有的長輩，總怕孩子吃苦、吃不飽，認為孩子還小，等他們長大後自然就會自己做了。

想判斷自己是否溺愛孩子，或者是在補償自己，可以嘗試思考如下問題。

- 你為孩子做的事，符合大多數家庭的情況嗎？
- 同樣的事，那些生活條件和你差不多的家庭是怎麼做的？
- 你是否對孩子投入超過經濟實力的投資？
- 當你拒絕孩子的時候，是否感到內疚？
- 你確定那些優秀的孩子，都是採用了你所理解的教育方式培養出來的嗎？

最後請你反思，孩子是否對你心存感恩。感恩，是用成熟的愛澆灌出來的心靈之花。

【商學院練習題】
親子溝通的刻意練習

　　詢問孩子，哪些養育方式讓他感到有壓力、難過甚至受傷。可以根據孩子的年齡，嘗試使用不同的問題。

• 爸爸或媽媽過去的哪種溝通方式，曾讓你覺得不開心？

_____

_____

_____

• 你認為爸爸或媽媽過去哪件事做得不夠好，為什麼？

_____

_____

_____

• 你喜歡爸爸或媽媽用什麼樣的方式跟你溝通？

_____

_____

_____

方法9

價值觀有衝突時，
用 3 個步驟來化解

　　某培訓機構給 10 位第一天上班的新員工，出了一道測驗，沒想到嚇跑了所有的新員工。題目是：每個人根據對其他 9 個人的感覺，在 10 分鐘之內說出至少 5 個缺點。

　　半小時後，員工們糾結地拿出了自己的作業。沒想到，接下來還要彼此當面分享，他們不得不吞吞吐吐地說出對其他同事的評價。

　　「自我、不考慮別人的感受、有攻擊性，冷漠、不會笑……」

　　面對這些評價，有的員工當場就受不了，跑到洗手間大哭了一場；有的員工拒絕給他人評論。不到中午，這批新員工有的不知去向，有的請假回家，有的乾脆提出辭職。最後，10 名新員工全部離職。

第一天上班就這樣不歡而散了。溝通失敗的原因，就是因為新員工與這家公司的價值觀差異太大了。出題的總經理認為：「批評他人與自我批評很重要」「要知道自己的缺點才能進步」。總經理按照自己的價值標準，得出的結論是：現在的年輕人太脆弱、太可惜了。

員工們雖然什麼都沒說，但是用實際行動表達了他們的價值觀：「工作是為了成就感」「我應該獲得足夠的尊重和認可」。所以，他們按照自己的價值標準得出的結論是：這公司不能去，這樣的老闆有「病」。

人各有志，冷暖自知

價值觀是人們內心判斷事物的標準。好壞對錯、美醜善惡、功用價值，這些尺度和判斷影響著人的態度與行為，也時刻左右著溝通中的表達。它是埋藏在無意識裡的行為準則和人生座標，一旦形成就很難改變。

在溝通中，也正是因為每個人不同的價值觀，才使人們在處理同一件事時，有著巨大的差異，為生活憑添了不少煩惱和衝突。價值觀就是一種情緒化的堅持，一旦雙方不一致，便會勢不兩立，彼此都會倍受煎熬。

知己知彼，百戰不殆

1. 挑選心儀的詞彙

美國著名心理學家、行為科學家羅基奇（Milton Rokeach）於 1973 年提出「價值系統理論」，此含兩類價值系統。

- 終極性價值系統，用以表示存在的理想終極狀態或結果，包含的內容有：平等、自由、幸福、享樂、自尊、智慧、成就感、家庭保障、內心平靜、社會認同、成熟的愛、真正的友誼、靈魂得到拯救、舒適而振奮的生活、和平而美麗的世界。
- 工具性價值系統，是我們要達到理想終極狀態所採用的行為方式，包含的內容有：誠實、獨立、順從、快活、整潔、勇敢、自控、仁慈、有抱負、有才能、有教養、理智、有邏輯性、負責任、富於想像、心胸寬廣、樂於助人。

你可以把這些詞語逐一寫在卡片上，打亂順序，然後按照自己的心情進行挑選。接著，分別在終極性價值系統和工具性價值系統裡，挑選 3 至 5 個自己特別喜歡、特別

有感覺，一看到就覺得「符合自己」的詞。

你也可以邀請身邊的朋友來做這個小練習，觀察他們的選擇，分享彼此的感受。看看這些詞語能夠勾起你怎樣的人生記憶，又是怎樣影響你的工作和生活的。

2. 回溯重大事件

重要的人生經歷對於價值觀的形成，有著巨大影響。

找一個安靜的環境，回溯自己的過去。找一件你最有成就感的事情，再找出 3 件你最痛苦的事情，看看在這些經歷裡發生了什麼。

在那些最有成就感的事件裡，你的體驗是什麼？產生成就感和幸福感的來源是什麼？在那些最痛苦的經歷裡，你的感受是什麼？獲得的最重要的人生經驗是什麼？支持你走出困境的信念又是什麼？

你可以把這些體驗和感受，以關鍵字的形式一一寫下，看看這些詞語能夠給你帶來怎樣的發現。

3. 善用行為觀察

一個人用什麼、買什麼、看什麼書、交什麼朋友、臉書裡說什麼、關注什麼、加什麼好友，他如何做事、如何對待工作和上級，這些無不反映了其價值傾向。

航空公司的頭等艙服務訓練，為了提高服務的效率，對頭等艙乘客進行了分類。

「官」指政界的乘客，他們在接受服務時比較看重隱私界限，他們的行為表現往往低調沉穩，有隨從人員，不太講話。「商」指從商的乘客，他們在接受服務時，比較看重物超所值、效率專業。他們往往穿著整齊，來去匆匆，溝通時比較講究結果。「星」是指明星和公眾人物，他們在接受服務時看重獨特感受、個性品質。他們行蹤神秘，穿著個性，個人需求常由經經紀人完成溝通。

一位優秀的頭等艙乘務員，在乘客走上飛機的時候，一眼就知道所屬類型。從第一個微笑和問候，就已經做好心理準備，並打算好該用什麼服務方式。

4. 捕捉情緒訊號

在面對面的溝通中，你會發現有些人對事情明顯帶有情緒，要麼特別排斥，要麼特別喜歡。情緒是一個非常明顯的訊號，讓人產生情緒的事往往和價值觀關係密切。

幾個朋友在餐廳邊吃飯邊閒聊，談起了一則新聞。

有一對老夫婦，前後收養了十幾個棄嬰。在相關機構的資助下，老夫婦為這些孩子治病，供他們上學。老夫

婦和十幾個孩子，就擠在三間不大的屋子裡，生活雖然拮据，卻也其樂融融。

對於這件事，在場幾個人看法不同，情緒反應都不一樣。有人非常不能理解，說：「這對夫婦真是給自己找麻煩，放著自己孫子不照顧，不值得。」有人當場動容，一再詢問有沒有連絡方式，想寄錢給老人家盡綿薄之力。也有人客觀中立，認為相關機構應該把孩子們接回福利院，才能提供更好的教育生活環境，並願意為孩子們提供相關的法律援助。

不同的情緒背後，都有著不同的價值標準。可以從這些朋友的反應裡，感受到他們最看重的東西，自然也就可以預測，他們未來對待類似事情的行為反應。

三重境界，突破溝通中的價值障礙

1. 第一個境界：大路無邊，各走一邊

知道自己的價值取向，知道適合什麼、不適合什麼，我們便有了取捨的能力。也能知道自己容易親近什麼樣的人，對於哪些人會本能地排斥。盡可能地和志同道合的人在一起，會讓我們輕鬆快樂，減少很多溝通上的麻煩。

網路上流行一則公司的招聘啟事，列舉了加入的幾大理由：

- 老闆靠譜，有情有義。
- 團隊和諧，沒有派系。
- 待遇厚道，不拿業績壓人。
- 快速擴張中，坑多蘿蔔少，成長空間大。

這則招聘啟事受到很多人推崇，在網路上競相轉載，不僅達到了招聘效果，還幫企業打了廣告。因為這些理由背後的價值觀，很多人深刻地認同。

然而，如果你是一個對人際關係不感興趣，喜歡賞罰分明、就事論事的人，就不會感到心動。因為如果到了上述的公司，恐怕每天都會面臨大量的價值觀衝突，大大提高工作上的溝通成本。

2. 第二個境界：順人而不失己

W 教授要出一本情商著作，這本書有嚴謹的邏輯結構、詳盡的理論來源和案例、深刻的成因挖掘和思考，如同教科書一般的扎實。關注科學的嚴謹性、溯本求源的知識講解和對事實現象的深入剖析，一直是 W 教授追求的學術方向。

然而，他卻遭到出版社編輯「無情」的反饋。編輯更關注實用性、目的、讀者的需求和反應，在意的是能給讀者找方法，而不是分析原因。

　　一開始他們互相據理力爭，各執己見。經過多次談判、反覆痛苦的嘗試和權衡之後，W 教授開始嘗試使用輕鬆的語言、抓眼球的標題、更加通俗的故事、別出心裁的插畫，來貼近讀者的閱讀體驗。同時，保留了對問題本質的分析，堅持給出的建議絕不是簡單的「一招一式」或「五分鐘成功」。

　　編輯看完書稿後，認同教授的苦心，也對新的風格給予肯定。

　　這時候，教授再聽見編輯說：「方法，要給我解決方法」時，已經不那麼抵觸了；編輯聽教授強調「本質是什麼」時，也沒開始那麼頭痛了。因為，W 教授找到了一條和諧共贏的表達之路，順人而不失己，皆大歡喜。

3. 第三個境界：君子和而不同

　　心理專家面帶微笑，走進房間對測試者說：「我來做一項問卷調查，各位只要如實回答就可以。」問卷發下來，大家一看只有兩道題。

　　(1) 他很愛她。她細長的瓜子臉，弧度恰好的眉毛，膚色白皙美麗動人。可是有一天，她不幸遇上了車禍，痊癒後，臉上留下幾道長長的疤痕。你覺得，他會一如既往地愛她嗎？

　　A. 他一定會。

　　B. 他一定不會。

　　C. 他可能會。

　　(2) 她很愛他。他是商界的精英，儒雅沉穩，敢作敢拚。忽然有一天他破產了，你覺得，她還會像以前一樣愛他嗎？

　　A. 她一定會。

　　B. 她一定不會。

　　C. 她可能會。

　　問卷收上來後，統計發現：第一題有 10% 的人選 A，10% 的人選 B，80% 的同學選 C；第二題有 30% 的人選了 A，30% 的人選 B，40% 的人選 C。

　　「看來，美女毀容比男人破產，更讓人不能容忍啊！」心理學家笑了，說：「做這兩題時，潛意識裡是不是把他和她當成情侶了呢？」

「是啊。」大家答道。

「可是，題目本身並沒有說他們是什麼關係啊？」心理學家似有深意地看著大家，「現在，我們來假設一下，如果第一題中的「他」是她的父親，第二題中的「她」是他的母親。讓你把這兩道題重新做一遍，還會堅持原來的選擇嗎？」

追求財富、追求美貌，是我們的價值觀；愛，也是我們的價值觀。前者更像工具價值觀，是我們的需求和標準，而後者更接近終極價值觀。越是終極的價值，越能夠產生包容。

擁有工具價值觀的人，有著相似的行為標準。他們可以一起做事，然而一旦遇到困難逆境，如上述的毀容、破產，不免大難臨頭各自飛。而終級價值觀能夠一致的人，可以在更深入的層面達成連接，就如父母對兒女的愛，不會因世事變遷而改變。

一個擁有包容心的人，能和眾多人和諧共處，是因為他有著堅定的終極價值，諸如愛、尊重、謙卑。於是，他發展出一種最難能可貴的「君子和而不同」的境界。擁有此境界的人，價值觀早已不再是與他人溝通的障礙，而變成了走進他人內心世界的探索之路。

尋找價值觀的刻意練習

　　請你在本章中提到的終極性價值系統和工具性價值系統裡，挑選 3～5 個自己特別喜歡、特別有感覺，一看到就覺得符合自己的詞。

　　再找一位做不同選擇的朋友，分享各自的選擇原因是什麼？有哪些重要的事件會影響自己的選擇？嘗試理解不一樣的經歷和價值觀。

1. _____

2. _____

3. _____

4. _____

5. _____

6. _____

7. _____

8. _____

方法 10
換個角度說服，
有效讓衝突變成雙贏

轉換視角，尋找第三條路

　　每日晚飯過後，小美家「盯寫作業」的大戲就要展開。母慈子孝的美好畫面，瞬間變成雞飛狗跳的災難現場。最後小美抹著眼淚，繼續有一搭沒一搭的亂寫，媽媽也已經揉著太陽穴，癱在沙發上生無可戀。

　　常常一不不留神，餘波還會升級為夫妻大戰，爸媽互相指控對家庭教育不盡心，才會讓孩子連寫個作業都應付不來。

　　「盯寫作業」已經成為當下親子關係的第一大殺手……

很多時候，當我們反覆陷入一個循環，不斷發生衝突的時候，就需要經由視角的轉換，尋找「你死我活」以外的第三條出路。

1. 老鼠的視角：局部放大

在你的眼裡，盤子裡的一塊乳酪是什麼樣子？在一隻小老鼠的眼裡，這一塊乳酪又會是什麼樣子？老鼠眼中的這一塊乳酪一定與你眼裡的不同，乳酪裡的每一個孔洞都清晰無比，每次散發出來的香味都十分強烈。

顯然，在老鼠的眼睛裡，這是一塊「放大了」的乳酪。若使用老鼠的視角，把生活中遇到的問題放大，對這個問題會有更具體、更深入的研究。

例如，在盯寫作業的問題上，一個兒童教育專家的視角，就是老鼠的視角。她可以把兒童寫作業和家長互動這個問題，解讀得非常全面。她知道每個孩子、每個家庭應該如何因人而異地，找到最適合的解決之道。

所以，當你「盯」到無力時，不妨去深入瞭解兒童心理發展、兒童教育、親子互動等內涵，或者請教專家，直接借用專家視角，看看是否有解決方案。

2. 放羊的視角，視野拓寬

　　想像現在你是草原上的一個放羊人，手裡拿著皮鞭，遠遠地望著你的羊群，視野十分開闊，每一隻羊都盡收眼底，甚至遠遠跑開的那一隻，也在你的掌握之中。放羊人的視角是一個看問題時「更寬闊」的視角，可以看到我們平常看不到的畫面。

　　你可以坐到沙發上，平復一下心情，想像你的孩子、他的同學們，都是你的羊群；而草原上還有其他的生物，比如老師、同事、親朋好友等等。

　　也許格局放大後，你突然會想到，隔壁家鄰居每天寫功課時，都能平靜地度過，他們是怎麼做到的？同事兒子考上了明星中學，他們家是怎麼處理作業問題的？我該不該給孩子安排課後輔導等等。在視野拓寬後，解決問題的資源也會隨之浮現。

3. 直升機的視角，俯看全域

　　盯寫作業不是生活的全部。當你坐上直升機，盤旋於你的生活上空，會發現很多家庭都面臨相似的焦慮。但當你盤旋於整個生命線，包含過去、現在和未來，你會感到，目前只是人生中的一個目前小階段而已。

　　俯看的視角可以幫助我們跳脫問題，去思考更深刻的

本質和意義。與其和你的孩子為了數學死纏爛打，不如讓他盡情去讀有興趣的歷史吧。說不定，家裡就會出一個歷史學家呢？

轉換思維，打破非黑即白

　　銷售部正準備籌備一個新品計畫，為保證搶佔市場，希望新產品能在國慶日前上線，就可以參加國慶期間的全國展銷會，為明年爭取市場訂單。當銷售部去找技術部門協調時，技術部門卻說，為了保證產品品質，他們必須完成相關的測試和必要的品質控管，這些都做完至少也要12月底。

　　此時，如果是你去和技術部門溝通，你會怎麼做？

　　A. 技術的問題，總會有辦法解決的。但市場的機會稍縱即逝，必須堅持 10 月 10 日前上線，再看其他問題怎麼解決。

　　B. 技術部門不懂市場的操作，不明白客戶才是公司的衣食父母，所以要盡可能讓他們能明白這其中的道理。

　　C. 測試的步驟不可省略，只能重新規劃產品的推出計畫，看看是否有其他的市場推廣機會和行銷策略。

D. 技術是企業的產品命脈，沒有品質就沒有一切，只能以此向主管彙報了。

如果你選擇了以上答案中的任何一條，都是陷入了非黑即白的陷阱，當我們陷入這個陷阱時，可以像以下這樣堅持：

- 「我必須堅持我的底線。」
- 「我需要讓他明白這個道理。」
- 「我要讓他知道我是對的。」
- 「我要讓他改變。」
- 「我想讓他按照我說的做。」

或是像以下這樣妥協：
- 「他說這是規定，沒辦法改變。」
- 「他的確有難處。」
- 「他是對的，我只能聽他的。」
- 「他說的得照做，否則關係就會破裂。」
- 「他很強勢，不這麼做不行。」

非黑即白是一個思維的困局，會讓我們的行動也走向

極端。這時，可以嘗試用以下方式，讓思維鬆綁。

公式一：尋找例外

因為 A，所以 B

正常來說 A=B，但 A=−B 的情境會是什麼呢？

同上，A=B，產品銷售＝測試完成

那麼，A=−B，產品銷售＝測試沒有完成

也就是說即沒有完成測試，也銷售了產品，會是什麼情況呢？有沒有可能只完成重要功能的測試，其他功能等訂單簽訂後，加快完成測試，就不會耽誤交付。或者測試完某兩款重要產品，並以此作為主打，其他的後續完成。或者⋯⋯

看到更多的「例外情況」，有助於我們鬆綁自己固執的結論。

公式二：乾坤顛倒

因為 B，所以 A

那麼，−A 的情況會是什麼呢？

測試完成，所以產品銷售；那麼，測試完成，產品沒有銷售成功，會是因為什麼呢？

也就是說即使測試完成，產品也不一定會銷售成功，

那麼除了測試，還有什麼會導致產品銷售不成功呢？例如展銷會的客戶需求情況、競爭對手的情況、產品的價格等等，看到更多的可能性，能讓我們不必固執於為哪一個因素較真。

公式三：相信兼得

雖然目前是有 A，就一定沒有 B 的情況。但有沒有可能有 A 又有 B 呢？有沒有可能 12 月底完成測試，但產品銷售在國慶期間的展銷會上呢？

有時候我們陷入非黑即白、非此即彼，是因為不敢相信，魚和熊掌可以兼得。但如果我們敢相信，就會真的想出很多辦法。

或許部門間能協調資源、增加人手，改進測試的工序和技術。銷售部做好宣傳資料和產品樣品，向客戶推出定制化的產品計畫後，再根據客戶簽訂訂單的情況，進行設計和相關測試。

如此一來，訂單和品質就能夠兩全其美。

分而治之，差異性地對待衝突

1. 利益上的衝突

　　有些衝突是由於雙方的利益和立場不同造成的，在組織中，典型的跨部門衝突就是如此。

　　裝潢公司的設計部向總經理投訴銷售部，說銷售部掌握不住客戶的需求，導致設計圖來回反覆修改，浪費了大量的時間和資源，還導致客戶覺得公司不夠專業。銷售部也開始投訴設計部，認為他們不能以客戶利益為先，銷售部的人員都是 24 小時待命，設計部卻不願意加班。

　　而客戶方面，設計圖修改了幾次後，發現這家公司的設計部態度太冷淡，怕對日後的裝潢品質不利，遲遲不肯決定是否成交。

(1) 公開問題，共同協商

　　關於利益的問題，一再迴避只會導致拖延和惡化，最好的方式是公開協商。利用雙方都認同的形式，例如在公司會議中正式討論問題，並邀請相關部門的人員參加。

(2) 規則細化，內容明確

　　大家需要協商的是一個具體的規則，以明確那些彼此

在工作中無法可循的灰色地帶，並制定出雙方都能夠認可的遊戲規則。例如，什麼樣的修改是必須的，需要與客戶提前確認清楚的細節是哪些。

(3) 結果導向，注重雙贏

關於規則的討論，容易陷入無邊無際的細節之戰和雙方的權力之爭。為了確保公平性和效率，需要有協力廠商或者主管加入，以保證結果導向，去尋求問題的最終解決辦法。

2. 認知上的衝突

關於子女的教育問題，也是夫妻間經常發生的家庭衝突。A 先生和 C 太太，對於要送孩子上公立還是私立國中的問題爭執不下。這個問題是有關對待一件事情的理解、看法和選擇的問題，屬於認知的衝突。如果你是一個家庭調解員或婚姻家庭治療師，可以嘗試用以下的方法解決問題。

(1) 有效澄清

澄清理解：有時候，我們說的是同一件事，用的卻不是一同個詞。例如，有一種食物，有人說「餛飩」，有人稱作「抄手」。

還有時我們用的是一個詞，表達的卻不是同一件事。

例如，在社交媒體上，同一個笑臉的表情符號，有人認為是微笑，有人認為是「呵呵」的意思。所以，我們需要釐清，對於衝突中的關鍵字，雙方都是如何理解的。例如，私立學校包括哪些？怎麼定義？夫妻雙方是否都「理解」了同一件事。

　　澄清動機：A 先生為什麼堅持送孩子去公立學校？理由是什麼？對私立學校的擔心又是什麼？同樣，C 太太為什麼對私立學校情有獨鍾？她堅持什麼，反對什麼？

　　詢問後，你可能會發現，先生其實關注的是老師的教學經驗。因為他的母親就是一位教師，因此認為傳統的教學方式是最科學有效的。而 C 太太，看重的是對孩子自主性的培養，認為在私立學校有更多的適性發展空間。

(2) 尋找交集

　　緊咬住差異點，會導致無法停止爭吵，直到看到交集，人們才能放心前行。就上面的案例而言，可以讓夫妻雙方各列出一份清單，分別一條條寫出對於擇校最看重的因素：教師素質、教育資源、班導控班能力、自主性培養、安全性、離家距離、收費金額、操場大小、教學設備、學生餐廳等等。

　　接著圈出交集，能有效增加夫妻之間的連結，讓他們發現各自堅持以外的更多可能性。

同時，也可以經由「有效澄清」，由丈夫具體講述自己對傳統教學方式的理解，讓妻子尋求其中認可的部分，以作為交集。交集會使共同協商的步伐，更加堅實有力。

(3) 建立共識庫

很多時候，無法做出有效的決策，是因為我們沒有瞭解足夠的資訊。所以，想解決衝突、創造共識，還要盡可能地的說出自己瞭解的相關「事實」。猶如盲人摸象中的盲人們，我們都應盡可能把自己摸到的「局部」清晰地描述出來，大家才能一起拼湊出一頭相對完整的大象。

在共識庫中，我們可以加入的事實如下。

- 對方未關注的領域：公立學校今日也很重視自主性培養的事實。
- 可能的利弊分析：公立學校、私立學校更全面的利弊分析。
- 更長遠的結果預期：選擇學校對升學的影響。
- 有價值的經歷與經驗：問問其他過來人的經驗，瞭解他們的看法。

3. 深層衝突

位於美國波士頓地區的一個家庭治療團體，曾開展過一項頗有意義的實踐，稱為公共對話專案（public

conversation project）。處理的問題非常棘手，是有關由墮胎問題引發的仇視和暴力衝突。

衝突的雙方，有的因為宗教信仰堅持不能墮胎，有的支持年輕媽媽重新開始新生活而贊成墮胎。人們都在各自的道德觀、權利及立場上堅持，雙方陷入關係緊張的局面，甚至出現謀殺和恐怖事件。

深層衝突關乎人們的信仰、文化、生活方式，處理起來需要非常謹慎。專家們處理這類衝突時，會經歷三個階段。

(1) 建立信任

在一個普通的夜晚，專家邀請衝突雙方的代表見面，為了避免一見面就針鋒相對，首先安排共進晚餐，並要求在晚餐上，不能談論有關墮胎的話題。大家只是輕鬆地分享一些共同感興趣的話題，例如，工作、孩子或天氣等。

(2) 講述故事

討論正式開始時，主持人要求參與者不要講述自己的原則和立場，而是講講各自的親身經歷。慢慢地，很多人開始談及自己曾經歷過與墮胎有關的困境和痛苦，所有人都可以完整地聆聽這些個人經歷和成長故事。

講故事的結果是，參與者並未被要求改變立場，但是他們對另一方有了更多的同情和理解。

(3) 灰色地帶

在情感充分交流之後，主持人鼓勵參與者談談自己的「灰色地帶」，即對自己所持立場的懷疑或不確定部分。奇蹟發生了，很多人開始談論和對方相類似的觀點，於是雙方得以開始一起探索更多的可能性。

例如，其中一種方式是，參與者們一致同意在危險逼近時，應警示他人存在懷孕的風險，激烈的衝突演變成一個共同的行動。一部分當初相互對立的參與者，在之後數年中，甚至維持私下的交流。

突破兩難的刻意練習

　　請找出一個曾讓自己陷入非此即彼、魚和熊掌不可兼得的兩難困境，並使用本章所學習的三個公式，為思維鬆綁。

• 因為 A，所以 B；A＝B，那麼 A＝−B 的情境是……

_____

_____

• 因為 B，所以 A；那麼，−A 的情境是……

_____

_____

• 有 A，就一定沒有 B；既想有 A 又想 B，應該要如何做？

_____

_____

第 4 章

高 EQ 的溝通技巧，讓你在什麼場合都無往不利

方法 11

對付固執的人，
說道理不如換個情緒

　　一名登山員，在冬日黑夜裡獨自挑戰高峰，中途不幸失足墜落。在墜落的過程中，他身上的安全繩幸運地勾住了一棵樹，因此被懸掛在半空中。在漆黑的夜裡，他感覺自己上不著天，下不著地，伸手不見五指，看不到自己的位置。

　　登山隊員面臨生死抉擇的困境：如果不割斷繩子，很可能會被凍死；如果割斷繩子，底下可能是萬丈深淵，也很可能會摔死。

　　這時候，他不得不求助上天：「老天爺啊，快救救我！」老天爺還真顯靈了，問他：「孩子，你肯信任我嗎？」

　　登山隊員連忙說：「當然，當然。」

　　老天爺說：「那你就割斷你的繩子吧！」

如果是你，你會割斷繩子嗎？

第二天，救難人員在距離地面不到 2 公尺高的地方，找到了登山隊員的屍體。他凍僵的雙手，還緊握著這根「救命的繩子」。

人們對未知總是充滿恐懼。雖然掛在樹上可能會被凍死，但畢竟當下還活著；如果割斷繩子，可能立即就要面對萬丈深淵。這位登山員，也是由於這樣的恐懼，反覆思考，還是沒敢割斷繩子。

堅持己見者，有這 3 種特徵

1. 他們是有原則的人

他們追求完美，對自己、對別人、對工作的標準都特別高，嘴裡常說「必須」「應該」「一定」；凡事一定要講個「理」字，相對於結果更在意對錯。他們的口頭禪大多是：「我必須把這事件說清楚」「一定要給我一個理由」「按規定辦事」「沒得商量」。

身邊有些這樣的人，真是讓人一則以喜一則以憂。喜的是，他們對於工作和生活很認真負責，事情交付後讓人很放心；憂的是，他們太堅持原則，凡事沒有商量的餘

地，經常因此耽誤事情的進展，溝通中也會製造緊張關係，原則就是他們「救命的繩子」。

2. 他們擅長「一條路直走到底」

不聽勸、不顧別人的想法和感受，一旦認定某種想法或道理，就只遵循那條路走，稍微偏離跑道就鑽牛角尖。

發明一項新技術、創辦一家新企業、推動一項改革，如果沒有一以貫之的堅持，恐怕還真不容易成功。但是，如果將這個拚勁放在溝通裡，可能會造成負面後果。認定某種想法和道理，是他們「救命的繩子」。

3. 打死也不說，問什麼都隨便

問什麼都回「隨便」的人，最不好溝通；任何觀點都不表達的人，很少是真沒有觀點，相反地恰恰是因為他們內心有真正的想法，但不願意說。這種悶葫蘆個性的人，不表達自己的感受、不說自己的想法，無論溝通什麼都只會點頭應聲。

但當你一轉身，他們還是會按自己的想法行事，最令人煩躁的不過如此。內心真正的想法，是他們「救命的繩子」。

他們為什麼這麼堅持

1. 是一種情緒化的堅持

　　小張到了談婚論嫁的年紀，他的母親堅持一個找對象的原則：不能找單親家庭的女孩。問其緣由，原來是母親覺得單親家庭的孩子性格有問題。但這個理由未免有些牽強，父母婚姻出問題，對孩子的成長可能會有影響，但這未必就是壞的影響，不能一概而論。

　　但小張偏偏交往了一個父母離異的女孩，各方面都不錯、性格也好。其父母雖然各自建立了家庭，但相處得都還算融洽。可是小張的媽媽見都不見這個女孩，任憑怎麼溝通，就是一句「不行」。

　　瞭解小張媽媽的經歷後才發現，原來她小時候父母離異，當時鬧得很不愉快，從小聽了很多閒言閒語，心裡難免有陰影。和小張父親的夫妻關係也很緊張，但為了小張一直堅持不離婚。看來，堅持對象不能是單親家庭的原因，就是媽媽的「心病」。

　　固執的人乍看很理性，能說出很多道理和原則，大多數還很善辯。他們總能義正詞嚴、旁徵博引，只搜集那些能證明自己對的事實，對於相反的事實，則視而不見。

然而，靜下心來你就會發現，他們堅持的背後，隱藏著很多情緒。這些情緒不過是為了保護他們自己，不再受到威脅和傷害。

　　淡定從容的堅持者，從來不會讓別人感覺不舒服。他們如同麥穗一樣，風過頭低，依舊自在地生長；如流水般，左右逢源，依舊日夜向海。固執的人則不同，他們的寧折不彎，充滿了情緒化的堅持。

2. 個性比較刻板

　　諮詢室裡有位來訪者，因為和丈夫的關係出了問題來尋求幫助。她的問題可能在外人看來，根本不是問題，卻讓她十分困擾。她不明白與老公溝通時，為什麼不能講道理，為什麼講道理就會沒效果。

　　她激動地對諮詢師說：「老師，您覺得抽煙對嗎？」諮詢師說：「抽煙的確會影響健康。」

　　她說：「那麼我說的是不是有道理？」諮詢師沉默。

　　她繼續說：「他為什麼就不能改？」諮詢師不禁笑了。

　　她更加生氣地說：「我不明白，為什麼不去做對的事情呢？」

　　諮詢師說：「你跟他講道理有效果嗎？」

她說：「沒有。我就是不明白，為什麼不能講理！」

堅持己見的人，通常有什麼特點呢？

- 他們堅持的觀點往往很絕對，非黑即白。
- 特別關注對錯，凡事一定要評出個理來，而不關心事情是否得到解決，以及對方的感受如何。
- 以偏概全，往往只關心某個小問題，卻忽略事情的全貌。
- 容易給別人貼標籤。
- 容易把結果放大，典型的想法是一件事情做錯了，一定會全盤皆輸。例如，被主管責怪了，往後考績一定會不好。
- 容易悔不當初，愛翻舊帳。同一件事，別人早不在意了，他們仍耿耿於懷。

他們堅持既有的觀點和想法，往往不能與時俱進，這種死根筋的特徵，在心理學上被稱為「非理性信念」。既有的想法像繩索一樣，鎖住了靈活性和創造力，使他們不能適應環境，無法完成目標，還會讓他們常和身邊的人發生摩擦和溝通障礙。

商學院小測驗

測試你的固執指數

你對以下結論是否深信不疑呢？

1. 做事情一定要獲得別人的認可。

2. 業績好或工作能力強，就應該得到晉升。

3. 做錯事的人，就應該受到嚴厲的譴責和懲罰。

4. 沒完成主管交辦的事項，就一定會被辭退。

5. 主管就應該比我強，專家就應該絕對正確。

6. 某個問題不解決，事情就無法完成，或公司難以發展。

7. 公司應該對我負責任、你應該為我負責。

8. 所有的事情一定有對錯，所有的問題一定有答案。

9. 只要付出努力，就一定能有回報。

10. 制度必須是公平的。

符合以上選項越多的人，固執指數越高，相信看完本節內容，對你一定有幫助！

3. 沒有目標，只有原則

行政部的 Z 經理，是一個令老闆放心的主管。他負責檢查員工的考勤和公司的庫房管理，特別堅持原則，可謂鐵面無私。

有一天，技術部趕新產品上市，緊急加班到很晚，部門士氣十分高漲。晚飯時間過了很久，大家都忙得無法出

去用餐。技術部的主管說，大家點個外送，補充一下體力吧。外賣來了，大家不願意暫停進度，建議邊吃邊完成手邊的工作，今天就能把新產品完成！

這個時候，Z 經理犯起固執來了。由於公司的辦公室不太通風，平時禁止員工在座位上用餐。所以，Z 經理堅持這時也不能違背規定，一定要外出用餐，或者到茶水間去吃飯。

技術部的同事覺得太不通人情，也覺得被打擊士氣。於是技術部主管親自去跟 Z 經理溝通，說：「今天實屬例外，現在出去恐怕賣吃的都打烊了，也會影響趕工進度，能不能稍微通融一下？」

「我只是執行者，按照規矩辦事。反正，我是不會讓你們叫外送到報公室的。」

接下來的故事，想必不用說了。

我們不難發現，固執己見的人不重視結果，也不關注關係，他們比較關注原則。他們是一群鐵面無私的人，有時卻會讓人怨聲載道，因為對有些原則的過分堅持，導致事情走向不利的結果。

順勢而動，以柔克剛

如果你遇到了一個固執的人，溝通的時候千萬不可硬碰硬，或一定要分個對錯，總希望他能改變意見。如此一來，你就是跟他一起犯了固執的毛病。

1. 第一步：放輕鬆

他們不僅在思想上容易犯固執，長期刻板的信念模式，也會造成情緒上的堵塞，以及身體上的肌肉緊繃。因此他們的面部表情往往比較匱乏，動作也較生硬，身體看上去不太靈活。

營造輕鬆愉快、尊重互信的氛圍，是與他們溝通的關鍵。因為，緊張的情緒會產生「聚焦性思維」，使他們更加關注自己堅持的那個點。而積極情緒能夠幫助他們放鬆心情、解放思維、提高靈活度和拓寬視野，從而看到更多的可能性。所以，你可以先聊一些輕鬆的話題，讓他放鬆下來。

2. 第二步：等情緒轉折

固執的人在放鬆後，會發生一些變化，這些變化意味有了情緒的轉折點，此時可能有如下的表現。

- 溝通氣氛轉好，有說有笑、彼此認同的說法。
- 話多了起來，願意說出更多的想法。
- 前後不一致的表達，例如，開始時說「這事一定不行」，此時卻說「事情都不是絕對的」。
- 不同的肢體語言。身體放鬆不再防禦，可能換了一個和之前完全不同的舒服姿勢。

3. 第三步：一同找目標

　　他們逐漸卸防後，可以與他聊聊目標。當然，可以嘗試讓他明白，各自想要的結果是什麼，你認同他說的哪些部分。讓他體會你並不是要去改變他，而只是為了達成共同的目標，希望得到他的支持和幫助。

打破固執行為的刻意練習

　　請挑一件你一直堅持做，卻又困擾你的事。例如，如果沒有生病，就絕對不能向公司請假。嘗試做一點不一樣的行為改變，看看會發生什麼事，你的感受又是什麼？

我原來的做法：＿＿＿＿＿＿＿＿＿＿＿＿＿＿＿＿＿

＿＿＿＿＿＿＿＿＿＿＿＿＿＿＿＿＿＿＿＿＿＿＿＿＿

我的新做法：＿＿＿＿＿＿＿＿＿＿＿＿＿＿＿＿＿＿＿

＿＿＿＿＿＿＿＿＿＿＿＿＿＿＿＿＿＿＿＿＿＿＿＿＿

發生了什麼：＿＿＿＿＿＿＿＿＿＿＿＿＿＿＿＿＿＿＿

＿＿＿＿＿＿＿＿＿＿＿＿＿＿＿＿＿＿＿＿＿＿＿＿＿

我的感受是什麼：＿＿＿＿＿＿＿＿＿＿＿＿＿＿＿＿＿

＿＿＿＿＿＿＿＿＿＿＿＿＿＿＿＿＿＿＿＿＿＿＿＿＿

方法 12

避免成為這 7 種人，才能傳遞正能量

　　美國聖保羅雷姆塞醫學中心精神病實驗室，曾經讓 2 百多名受試者做一個「哭泣實驗」，85% 的女性和 73% 的男性說自己大哭一場後心裡舒服了許多，壓抑感測定的平均，減輕了 40% 左右。

　　此醫學中心的專家，還對哭泣所產生的眼淚進行分析，發現情緒悲傷時，眼淚中含有亮氨酸和催乳素兩種對人有害的化學物質，經由哭泣，眼淚能將這些化學物質排出體外，減輕心理壓力。但是在其他因純粹生理作用流出的眼淚中，則沒有這些物質。

　　負面情緒竟然有如此的殺傷力。在溝通中，給別人找麻煩的人，就是在傳播負能量。難怪這些人總讓人避之不及，處處不逢緣。

什麼樣的人，容易使人心情低落？

　　為了避免傳播負能量，我們首先要意識到，有哪些行為會使人心煩、不愉快。

1. 刀子嘴又刻薄的人

　　這種人說話一針見血、直戳人心。他們要麼輕聲細語地放冷箭，要麼語不驚人死不休。不管是哪種刻薄，總能穩抓要害、讓人難堪，不給人留餘地，因為他們對人缺乏悲憫之心。

　　他們說話的特徵是擅長反問，凡事愛用反問句：「你覺得呢？」對於看不慣的人和事會大力抨擊，很少顧及場合。表面上看起來是深明大義、義憤填膺，事實上是在給人找麻煩。

2. 忠於規矩的訓導主任

　　這種人往往是鐵面無私的訓導主任，他們不考慮感受，只考慮規矩。對問題的處理方法，除了對就是錯，除了黑就是白，沒有任何中間地帶。

　　不過那些規矩和對錯，並不一定是法律法規、規章制度，大多時候只是他們自己堅守的信條。例如，若要健

康，就一定要吃素；工作一定對客戶言聽計從；做事情一定要嚴守時間等等。

訓導主任很多時候並非為了你的健康，或為客戶著想，或為了提高效率，而是不按照他的規則來，他就難受。訓導主任給人找碴時，常以「我是為你好」的名義，強迫別人按照自己的想法來。

3. 唉聲嘆氣的壞消息發布者

製造壞消息的人，特別愛擔心。你找不到工作，他擔心沒前途；你找到工作，他擔心你和主管關係不好；你不升職，他擔心你買不到房；你升職了，他擔心你太累猝死；你辭職創業，他擔心市場環境不好；你創業成功了，他擔心你家庭不和。因為「擔心」，各種可能誘發焦慮的事，都會成為他關注和散播消息的目標。

在不遺餘力散播壞消息的隊伍裡，還有一群生力軍，當屬「愛抱怨」的人。愛抱怨的人都一樣，他們不去爭取、也不去面對，認為所有問題都來自外部，有時還會添油加醋地製造各種壞消息。這種人不會用積極的眼光和態度看世界，而是故意製造「霧霾」，非要將自己灰暗的世界與大家分享。

4. 滿嘴好話的迎合者

有些人在人群裡，總是特別有禮貌、特別會說話，順著別人的意誇讚。但有時好話說盡的人，便也沒了好話，因為時間長了，別人無法分辨這些人口中哪句是好話，哪句又是逢場作戲。因此，總是迎合別人者，迎合得太多了，反而會被人認為是在應酬，最終令人厭倦。

5. 所向披靡的好勝者

有些人凡事必爭個高下，走到哪都要有自己的舞台，喜歡勝人一籌。他們喜歡在競爭中獲勝，靠實力上位。強烈的比較心，讓他們擁有了勝利，卻也失去了人心。因為他們一開始可能會讓人感覺眼前一亮，但相處久了難免會讓人敬而遠之。

6. 自我感覺良好的拯救者

拯救者不管自己身居何位、條件如何，都會想對別人伸出「援手」。一桌人吃飯，他要買單；夫妻有了爭執，他要出面調解；多年不見的朋友偶然遇見，不管對方願意不願意，他都要請吃個飯。

拯救者會在這些事中獲得存在感和價值感，因此不斷安排、不斷付出，不問該不該參與。拯救者的「愛」與

「奉獻」也許一開始會讓人很溫暖，但久而久之，他自己會在不知不覺中失去自我，別人漸漸也覺得反感。

7. 默默無語的冷面殺手

有些人仿佛是情緒的冷面殺手，不管對什麼事都沒有反應、激動不起來。對於別人的情緒和感受，總是漠不關心、無動於衷，臉上永遠一號表情。聽完笑話沒反應，談論重要事情時態度也很平淡，這樣的人，實在是讓人親近不得。

補充正能量，好好愛自己

不想壞人好心情，我們首先要把自己的負能量轉換成正能量。擁有滿滿的正能量，自然人見人愛。

1. 說話刻薄的人，要先學會愛自己

刻薄的人，多有一顆脆弱的心。因為對自己刻薄，所以對別人也刻薄。這種人總是沉浸在不被愛、不被尊重的感受裡。他們總是直擊他人要害，因為那些要害，觸動了他們自己內心的傷口。所謂的刻薄，不過是經由找出別人的傷口，而化解自己的焦慮而已。

因此他們的攻擊，不是為了「治病救人」，只是為了讓自己得到寬慰。刻薄之人要先學會愛自己，一個愛自己、尊重自己的人，才能夠去愛別人、尊重別人。

2. 訓導主任，要學會解放自己

訓導主任往往習慣於被束縛的感受裡，他們從小受到太多的約束和教導，內心時刻有一個嚴厲的法官，導致太在意外界的評價。唯有把這種要求和指責指向他人，自己才覺得正正當當，才能鬆一口氣。

訓導主任要先學會解放自己，做回真實的自己之後，自然就會允許別人輕鬆自在做自己。還要時刻銘記「不要去拿你的尺，去量別人的長短」。

3. 壞消息發布者，要學會自己承擔

壞消息發布者沉浸在無力的灰暗世界裡，他們總是需要他人的關懷和理解，時刻充滿失望和恐懼。像一個沒長大的孩子，需要有人關注才開心、有人給他承諾才安心。

壞消息發佈者，要學會感恩，要學會自己承擔責任，勇敢地做自己。畢竟沒有人應該對你的生活負責，好與壞全在自己手裡。

4. 迎合者，要學會情感自立

　　這類型的人，內心經常會被「無價值感」所困擾，需要獲得他人的情感認同，才能感覺到自己有價值。所以，迎合者要學會情感獨立，不必用自己的討好去換取他人的認可，你的生命自有價值。

5. 好勝者，要學會勇敢地做自己

　　好勝者沉浸在對成就感的渴望裡，看似積極，實則缺乏對自己的認可，內心裡充滿對自己的不確定。每一次追逐勝利的過程都如此激動，但事後又會陷入無盡的空虛中。這類型的人需要放下比較心，並克服不認可自己的心理。

6. 拯救者，要學會先拯救自己

　　拯救者最需要拯救的是自己。他們常常沉浸在缺乏自信的無力感，甚至充滿了對現實的失望，所以才會把自己包裝成「神」，從被拯救者的弱小中，對比出自己的強大，以說服自己是成功的、高人一等的。其實，他自己才是那個最需要被照顧、被拯救的人。

7. 冷面殺手，要學會培養感情

情緒是生命最真實的體驗，是什麼鎖住了你的心，阻擋了你的情感？微笑、悲傷、憤怒甚至瘋狂，都是生命該有的一部分。冷面殺手們需要先溫暖自己的心，把一般人該有的喜怒哀樂找回來。

看破不說破，還能做朋友

與充滿負能量的人相處，需要自身擁有強大的正能量，唯有自身強大了，才有辦法與之抗衡。若一味與之據理力爭，只會讓自己惱羞成怒或傷痕累累。

1. 對刻薄的人，一笑而過

如果你能明白，刻薄之人的飛刀不過是一種自我保護，就大可不必與他們據理力爭。你的強勢會讓脆弱的他們害怕，繼而更加嚴重地攻擊你。當然，你也不要擺出一副受害者的委屈狀，因為這種形像，會更讓他們以為你好應付，找機會對你下手。

他的飛刀暗器，會在你淡定的一笑過後，散落一地。

2. 向訓導主任，申明立場

訓導主任總是把對的事強加於人，這是最令人難以忍受的。所以與這類人溝通，重點不應該放在辨別對錯，而應該放在劃清邊界上。你需要找到合適的方法，對他明確表示：「請尊重我的選擇。」

當然，如果你有訓導主任式的父母和主管，這種劃清邊界的方法會比較難以執行。所以難怪在「諄諄教導」下，會有那麼多叛逆的孩子產生。然而，逆反從來不是解決問題的最佳方案，只會讓不合理的教導變本加厲。

所以，你不妨從父母的教導裡，體驗出愛的成份，接受有價值的部分；從主管的教導裡，找出受用、可以讓自己進步的部分。而對於越界的部分，你不妨平靜地申明立場；對於無力改變的部分，也要帶著尊重接受。記住，你一旦被激怒，就已經失敗了。

3. 遠離壞消息發布者

人際交往中，要學會遠離壞消息發布者。在團體中，要遠離抱怨的人；交朋友時，要找陽光積極的人；在網路上，不要去負能量爆炸的社團湊熱鬧。

但是如果你恰好有這樣一個唉聲嘆氣的伴侶，那就要回想初衷，看看你自己為什麼會和他在一起，再嘗試一起

想辦法，共同去改變；如果你有唉聲嘆氣的父母，也不要覺得萬分委屈，而一天到晚抱怨，允許自己先與他們保持一些距離，努力把自己變得強大以後，多多關心他們，相信父母也會有正向的改變。

4. 對討好者的迎合表示尊重

討好者的過分禮貌和迎合，容易激發人本能的反感和厭惡。但是，粗魯拒絕和直接貶低討好者，顯然不禮貌。維持尊重和客氣，會讓你和討好者之間保持不傷和氣的距離。對於討好者的誇獎，你不必謙虛、也無須解釋，禮貌地說聲「謝謝」就好。

5. 不要輕易接受好勝者的挑戰書

好勝者的「挑戰書」，有時候只是為了得到勝利的快感。所以，你需要考慮清楚，自己是為了什麼和他比，如果你自己不是一個好勝者，自然就能想清楚是否要加入比賽。面對好勝者的「激情」，你可以禮貌地讚揚，也可以選擇默默地轉身。別試著想著要教訓他一下，如果你有這個想法，那麼你可能也是位好勝者。

6. 明確地告訴拯救者「我不需要」

　　對於拯救者，一旦付出得不到回報，他就會由愛生怨。所以，當他送來禮物時，你需要問問他為什麼，並確認自己是否能夠給予他同樣的回報。

　　如果他給予的是情感或關懷，需要確認這是不是你真正需要的，你也要確認自己是否能夠給予他想要的回報。否則，如果有一天對方的期待落空，可能會瞬間翻臉，成為你的仇家。

7. 溫暖地看看冷面殺手的眼睛

　　冷面殺手的內心，多半還存有餘溫，如果與他相對無話，不妨溫暖地看著他的眼睛。如果你能透過冰冷的眼神，理解他的內心，他可能就會軟化，慢慢卸下心房。

檢視負面溝通習慣的刻意練習

溝通中的壞習慣	我的改善計畫
1.	1.
2.	2.
3.	3.
4.	4.
5.	5.

方法 13

學會駕馭情緒，
而不是被情緒控制

關注感受，小情緒大影響

　　科學家研究了大腦杏仁核被切除的患者，發現他們能分析思考，只是喪失了決策的能力，而杏仁核是人儲存情感體驗的器官，這說明人的決策是需要有情緒參與的。

　　理性的人，決策時並非沒有情感，而是能更好地處理情感，或者壓抑了情感的成份。一般人不可能完全拋開情感的喜好去做決定，而反社會人格者，正是因為完全冷漠，才導致了失去有效的決策力，讓自己的行為失控。

　　在溝通中，如果我們受到情緒的干擾，情緒過多或者情緒不足，都會影響我們的決策和判斷，從而使溝通受到影響。

　　情緒作為腦內的檢測系統，對其他思維活動也具有引

導協調的作用。當我們情緒積極時思維開放，容易看到事物美好的一面，願意接納事物。因此一個人愉悅的時候，也會變得更容易溝通。

而消極情緒會使個體感到悲觀、失望，接納程度下降，人會變得挑剔，攻擊性增強。抑鬱症患者就是典型的受消極情緒主導，對生活悲觀失望，缺乏行動力。人在消極情緒下，也會變得非常難以溝通。

調整座標，溝通事半功倍

心理學家歸納出了「情緒與能量象限」（如圖 4-1 所示），這個簡單工具能幫我們清晰看出，情緒對於溝通行為的影響。

對不同的溝通對象，我們應充分考慮對方的情緒狀態，採用不同的溝通策略。只要我們找對情緒的按鈕，就能讓溝通事半功倍。

橫軸：情緒的「愉悅程度」，是指我們是否開心、舒服，包括愛、喜悅、興奮、平和、欣喜、好奇等。

縱軸：情緒的「喚醒程度」，是指情緒能量的大小。白話來說，就是精神好不好、精力是否旺盛。有些情緒需要很大的能量去支持，比如興奮、憤怒。而另一些情緒卻

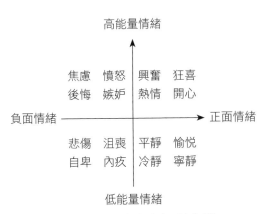

高能量情緒

| 焦慮 | 憤怒 | 興奮 | 狂喜 |
| 後悔 | 嫉妒 | 熱情 | 開心 |

負面情緒 ——————————→ 正面情緒

| 悲傷 | 沮喪 | 平靜 | 愉悅 |
| 自卑 | 內疚 | 冷靜 | 寧靜 |

低能量情緒

▲圖 4-1　情緒與能量象限

不太需要消耗太多的能量，比如淡淡的憂傷、平靜。

　　情緒是行為背後的「操盤手」，利用此情緒與能量象限，不僅能看出不同狀態下的情緒座標，還能推測出，人在不同情緒狀態下，所呈現出的思維和行動。

　　(1) 情緒愉悅程度高、喚醒程度高的時候，稱之為「活躍象限」。

- 人的情緒呈現：興奮、激動、歡喜、欣喜若狂。
- 人的行為表現：熱情、激動、活躍、有創造力、有感染力、有行動力。
- 人的溝通表現：積極開放、有感染力、從眾、容易說大話、過分承諾，也容易被敷衍。

(2)情緒愉悅程度低、喚醒程度高的時候，稱之為「進攻象限」。

- 人的情緒呈現：憤怒、狂躁、宣洩、奮進、焦慮。
- 人的行為表現：攻擊性高、壓力下的進取、「你死我活」的獲勝願望、容易爆發負面情緒。
- 人的溝通表現：語言有攻擊性、偏激、堅持自己的觀點、強勢。

(3)情緒愉悅程度低、喚醒程度低的時候，稱之為「審視象限」。

- 人的情緒呈現：憂慮、憂傷、抑鬱、疲憊的感受。
- 人的行為表現：挑錯、擔憂、不認同、查錯、行動力不足。
- 人的溝通表現：不熱情、不配合、挑剔、抱怨、發牢騷、擔心。

(4)情緒愉悅程度高、喚醒程度低的時候，稱之為「理性象限」。

- 人的情緒呈現：平和、愉悅、淡定、喜悅。
- 人的行為表現：平靜、接納、認同，情緒較穩定。
- 人的溝通表現：積極樂觀、理性平和、傾聽、反思、感悟，樂於聽取意見，能夠表達己見，努力爭取雙贏。

以色列著名心理學家魯文‧巴昂（Reuven Baron）博士說過：「讓情緒為我所用」，這句話講出了情商的核心。並非只有愉悅的情緒狀態才是有價值的，所有的情緒狀態都可以作為積極的資源，為我們所用。

- 在活躍象限下，人的頭腦靈活，很多積極的創意都來自此種情緒狀態。一場五光十色的演講會，推動人的情緒高漲；一場愉悅的飯局，會加強彼此之間的認同，這些都對溝通有促進作用。
- 在進攻象限下，人會變得堅韌而有進取心，適度的壓力會讓我們提高效率。所謂的同仇敵愾，就是一種進攻能量的轉化，讓我們變得團結而忘記恐懼。化悲憤為力量，也是同樣的道理。
- 在審視象限下，人們嚴謹而踟躕。重大決策前的適度焦慮，會讓我們集中注意力，發現更多的風險，從而做出更周全的決策。審視象限下的溝通，也可以讓我們從盲目樂觀中冷靜下來。
- 在理性象限下，人們的專注力會提升，變得平和、放鬆、積極開放而充滿智慧，這是最理想的溝通狀態。

對症下藥，心對了事才能成

1. 進攻象限

(1) 像隨時會爆炸的定時炸彈

由於航班延誤，導致37名乘客拒絕登機，執意要求先取得賠償。乘客們的情緒都非常激動，他們高聲質疑，堅持不登機。

這時，一名地勤人員竟然用下跪的方式，請求乘客登機。不料乘客對下跪絲毫不買帳，一位女乘客起頭大喊「我們不上飛機！」越喊越激動，很多乘客甚至一起跟著喊起來，使局面更難以控制。而這位「下跪哥」也是越跪越激動，任憑同事怎麼拉他，也不站起來。

地勤人員已經擺低姿態到了下跪的地步，為什麼對乘客來說不管用？

航班延誤，乘客內心充滿了壓迫和焦慮感，這種情緒無處發洩，隨著時間的推移，會讓人變得更加苛刻，甚至暴怒。

此時，他們最需要的就是先冷靜下來。或聽取他們的無奈，或轉移其注意力，或打散人群到處走走。只有先把「反對」的情緒轉化掉，乘務人員才能進行後續的溝通。

而另一邊的乘務人員，卻是面無表情地站成一排，表

面上看是向客戶致歉，傳達的情緒卻讓人感覺：「我們又能怎樣，班機延誤又不是我們的錯，卻要我們來收拾爛攤子。」這種不是發自真心的表面功夫，無疑更加激化雙方矛盾。

下跪則更不妥，近乎失態的行動，反倒像無聲的控訴，除了讓乘客更不認同外，別無他用。

溝通中，我們如果用一種負面的情緒能量，去化解另一種負面的情緒能量，不僅無用，反而會成為點燃炸藥的催化劑。

(2) 面對攻擊情緒，先降溫再轉化

以毒攻毒、以暴制暴的溝通氣勢，可能只是人們無計可施時的無奈之舉，副作用卻很大。對於「攻擊」的情緒，最重要的應對方式是先降溫。

同樣是航班延誤，有些機場找到了情緒降溫的辦法，解決問題的核心原則就是「讓乘客急不起來」。

正所謂「伸手不打笑臉人」，機場出動了一群笑容可掬的乘務人員，他們推著餐車，一邊端茶送水、發放免費午餐，一邊穿梭於乘客間，安撫乘客的情緒。

為了轉移乘客的注意力，機場花盡心思，不但即時將航站的廣告電視牆改播熱門電影，而且分發多種報紙、雜

誌供旅客打發時間。一些情緒特別激動的乘客,也被工作人員帶離人群安撫。耐不住等待而哭鬧的小孩,也得到了限定版玩具套組。等乘客都漸漸平復了情緒,機場再派人進行溝通事宜。

2. 審視象限

(1) 讓對方先高興起來再說

新畢業的出納組新人,哭哭啼啼跑到資深會計那裡訴苦。

「怎麼我每次找老闆請款,都被找麻煩?沒超支也說費用請多了,就是不給簽字。買的東西,都貨比三家了還嫌貴,非要退貨。說好了要付款又反悔,非讓我去跟廠商拜託,怎麼能這樣呢!」

資深會計先讓新人坐下,喝點水、透透氣。然後問:「你都什麼時候去的啊?」

「等他開完會啊,平時都找不到他。或者他剛上班時啊,早簽好字,我才能早做帳、早下班啊。」

資深會計笑了,又繼續問:「那麼你有沒有觀察到,當時老闆的心情都怎麼樣啊?」

新人一臉茫然:「簽字還要看老闆心情怎麼樣嗎?」

資深會計笑著說:「老闆開會時業績壓力大、管理事

務多，一散會就被抓住問東問西，或者一大早就被拉住說要花錢的事，難怪你要碰釘子了。」

(2) 面對消極情緒，不要迎難而上

處於審視象限的溝通對象，屬於比較難溝通的類型。一方面，他們的情緒不容易被觀察出來，一開始會被忽略；另一方面，低迷的負面情緒會特別影響他們的心情，導致溝通時，怎麼說都難以被認同。

當溝通對象的情緒在審視象限，發現他有各種挑剔、低迷、煩躁、鬱悶的情緒時，千萬不要強行溝通。若對方的情緒被激到進攻象限中，會讓溝通更難以進行。

例如，當一個孩子正在為失去球賽冠軍，而萬分沮喪時；當你的伴侶，無端挨了上司的責罵後走進家門時；當你的上司剛為業績不理想發完火時，你恐怕就要先衡量一下，是否等他們平靜下來後，再繼續討論問題。

選對時機、注意方式，對情緒處於審視象限的人特別重要。若非得當下處理，必須先緩和氣氛。可以用和緩的語氣、溫暖的表情，試著理解一下對方的處境和心情。也可以採取一些非面對面的溝通方式，例如發個訊息，寫封郵件。溝通要的是結果，得先繞過那些糾結的情緒，才能把事情完成。

3. 活躍象限

(1) 樂極容易生悲

我們都聽過范進中舉的故事,講的是連盤纏都沒有的范進,進京赴考後中了舉人後,高興到不行,又哭又笑、又跑又鬧地發了瘋。最後治好他的,還是他最害怕的老丈人,一個巴掌把他打回原形。人生失意莫放棄,人生得意莫忘形,太得意的時候,也不妨「嚇唬嚇唬」自己,給自己適當的提醒。

(2) 興奮情緒下,先回神再說

當情緒處於典型的活躍象限中時,我們會充滿憧憬、熱情,幹勁十足。這種熱情機會難得,卻也需要有警戒心,因為過於激動可能會讓人喪失理性。太興奮的時候,人們往往會盲目樂觀、容易衝動,建議先冷靜一下再做重要決定。

4. 理性象限:心對了,事就成了

在理性象限的時候,我們會:

- 心平氣和,虛懷若谷。
- 睿智寬容,言行穩重。
- 肢體語言是開放的,身體也很放鬆。

- 人們變得願意傾聽，而不是滔滔不絕。
- 對待對方的態度，溫暖而認同。

修煉個性，學會駕馭情緒

美國心臟病學專家弗雷德曼（Mayer Friedman）和羅森曼（Ray Roseman）在研究中發現，充滿競爭性性格的人會高效率地工作，高標準地要求自己，長期生活在緊張的節奏之中（進攻狀態）。這其實容易引發焦慮狀態，極易導致心血管病。

他們把這些人定義為 A 型人格，其特徵為「經常想到許多事情得做，卻沒有時間去做」「經常認為一定要達成目標，事事都非常關鍵」，這種急迫、緊張、憂慮直至心力交瘁的情緒狀態，與個性密切相關。

而另外一種被稱為 C 型人格的人，他們往往強烈地壓抑感情，特別是壓抑憤怒，這會導致內在的生理機制承受很大的負面能量攻擊。他們時常陷入無望和悲觀的情緒感受（審視狀態），疾病隨之而來。

修煉個性、保持身體的健康，才會讓人有平靜而飽滿的情緒狀態，充滿正能量。此時人們能自如地轉化各種情緒，讓情緒真正成為資源，為我所用。

【商學院練習題】
情緒轉化的刻意練習

　　請你根據日常的觀察和實踐，為自己整理出以下溝通方法。

1. 談話中哪些行為可以提升正面能量：

_____

_____

2. 談話中哪些行為可以降低負面能量：

_____

_____

3. 談話中哪些行為會降低正面能量：

_____

_____

4. 談話中哪些行為會提升負面能量：

_____

_____

方法14
學會說「不」──
把不開心的話說到大家都開心

「不」在心裡，有口難開

難以拒絕別人時，人們總會為自己找出一堆理由：

- 這麼做太傷人了，我不想成為那種人。
- 做人以和為貴，別產生衝突。
- 忍一時風平浪靜，退一步海闊天空，這是有道德的表現。

可是，逃避說「不」的結果，最後可能會更傷人傷心傷感情。怕衝突，未必就能躲過衝突。做一個有道德的人，難道就意味著得放棄自己的立場嗎？

其實，不能說「不」的人，也有一些不為人知的「內心戲」。

1. 低估別人的承受能力

不能說「不」，往往是因為自身力量不足，或者低估了他人對「不」的承受力，覺得他人承受不了。有時是承受不了別人「無辜」的眼神，一想到會傷害到別人，就有一種深深的罪惡感。這種情況在比較親近的情感關係中，特別容易出現。

很多時候，因為太顧及別人的感受，我們會一味地遷就、犧牲和退讓。長久下來，養成對方無法為自己負責的個性，也會讓自己被一些別有用心的人道德綁架。

2. 消極地評估環境

有些人擔心由於自己的拒絕，會影響整體工作進度，或者會給整體帶來不可挽回的損失。其實，這不但是小看了環境的影響力、低估了集體智慧，有時也會讓自己承擔力所不及的任務，反而影響了進度。

把自己內心的壓力有效地表達出來，勇敢提出有風險、無法達成的情況和不能接受的部分，這並不算是止步不前，反而是努力朝著正確的方向推進。只有這樣，才能找出更合適的解決方案。

3. 把自己的命運拱手讓人

不敢說「不」的人，內心有這樣的聲音：

「我拒絕主管的要求了，要是被報復怎麼辦？」

「我提出不加班了，丟了工作怎麼辦？」

「我剛否決他的意見，下次他就不支援我的工作了，怎麼辦？」

「我跟客戶說沒辦法再讓步了，客戶會不會投訴我？」

其實，你並不是不敢說「不」，是怕自己遭受損失和傷害。而仔細研究後會發現，你所謂的損失和傷害，背後有一個邏輯：「只要我不照辦，就會有損失、就會被傷害。」於是，你只能聽話地把命運拱手讓人。

一個願意為自己承擔責任的人，一定也能勇敢地表達拒絕，得失、取捨、責任、原則，都加入自己的考量。也就是說，能聽取自己內心的話，也能承擔自己所選擇的後果，自然就不會為說「不」而左右為難。

4. 害怕衝突，無法堅持自己的立場

無論是商業上的合作、日常的工作，還是生活的瑣

事，只要涉及人和人一起做一件事，就避免不了協商。只要有協商，就會有進退，也就會有衝突的可能。

有不少害怕衝突的人，往往無法堅持自己的立場。害怕衝突有很多內在的原因：怕破壞關係、怕自己失敗，或怕事情辦不成，於是多一事不如少一事。也有些人是因為在過去的家庭和生活裡，對衝突的有太多負面的記憶，而本能地迴避。

其實關係裡的衝突是一個常態，沒有找到好的處理衝突方法，才會讓自己在衝突面前進退維谷。

5. 沒有說「不」的習慣

還有一些人，家中有超級虎媽虎爸，基本上說「不」從來沒有成功過。時間長了，他們對此也就無所謂、習慣了。甚至有些人把自己的「沒有要求」，也當作一種人生境界了。

既然對什麼都沒有要求，自然也不會拒絕什麼。就算偶爾真想表達反對意見，發現自己也不知如何表達。慢慢地，他們也就真不知道自己到底需要什麼、原則是什麼、底線是什麼了。

看到這裡，你有沒有發現，說「不」不是世界末日。相反地，不會說「不」，卻是自己人生的一大損失。癥結

在於，若不把自己的心結解開，就沒法開口把「不」勇敢地說出來。你需要在自己的底線和他人的尊嚴之間，勇敢地表達自己的堅持。

把不開心的話，說得開心

你需要知道一個簡單的道理：有時別人拒絕你，並不是理智上接受不了，而是在情緒上接受不了。所以，你若能化解對方的抵觸情緒，把不開心的話說到開心，也就找到了說「不」的關鍵。

1. 失望的情緒，用鼓勵的眼神說不

有些事情本來就應該自己承擔，你總是幫對方承擔的結果，會使他們便永遠無法成長、永遠依賴。這時候，面對他們期待的眼神，你需要堅定地說出「不」。

(1) 不拋棄、不放棄

不要說：「這點事情你怎麼都做不好？」「我再也不想管你了。」這對於自信心匱乏、承受能力弱的人來說，往往會適得其反。而溫暖的鼓勵很少會被否定，適用於絕大多數人。

(2) 亮出你的信任牌

告訴他：「你可以的。」這會讓他變得有自信。你可以提供證據、擺出事實，讓他明白這件事情一定可以自己完成。你還可以給他一些建議，讓他對完成工作更有信心。你也可以協助一些支援性的工作，讓他更有信心踏出第一步。

(3) 溫柔而堅持

這個原則很重要：底線是堅定的，態度是溫柔的。也就是必須讓對方確切明白你的立場，但可以用溫柔的態度表達出來。

2. 情緒憤怒時，等等再說不

有些人的性格是「一定要按照我說的做」，一旦有人不按照他的意思做，就會非常憤怒。這類人可能是你的同事、夥伴，甚至是主管、長輩、父母。這時，跟他們「硬著來」，只會讓他們的不滿情緒更高漲。面對這些強勢的要求，你可以這樣回應。

(1) 先緩一緩

心理學研究表示，人的情緒爆發如同暴風雨來臨一般，激烈但不會長久。一個人在氣頭上時，如果不助長火勢，通常很快就會自動平息。性格強勢的人，也往往氣勢

有餘但耐力不足。所以，一定要學會緩一緩，不是要你冷漠地置之不理、消失不見，而是帶著尊重的等待心情，暫時做一個不出聲的人。

(2) 不翻舊帳

情緒風暴過去，你就可以開始解決問題了。但千萬別翻舊帳，也別提「剛才你說了⋯⋯讓我不開心」，假裝什麼都沒發生過就好，緊接著就事論事。

說「不」，並不是置之不理，同樣要推動事情的發展。你可以坦誠地表達拒絕的原因和現實情況，也可以提供一起商量的解決方案。要把一個剛剛還很魯莽的人，當作一個很有涵養的人去對待，如此你的拒絕不會含有敵意，你的平靜會自帶力量。

3. 對立情緒下，認同地說不

在工作中，跨部門、競爭對手之間，由於分工和利益的問題，會自然存在「對抗」成分。當對立的情緒出現時，你要認同地說「不」。

(1) 從一致的問題開始

美國倫斯勒理工學院的一項實驗結果顯示：不當的指責對職場的人際關係危害極大，是工作衝突的主要原因，其危害甚至已超過了猜疑、性格不合以及權力鬥爭。

當我們需要表達反對意見的時候，如果以「你怎麼能這樣」「你這樣做不對」開頭，會引發很多的對抗情緒。與人交談時，若想讓對方接受自己的觀點，別急著去貶損對方的觀點，避免一開始就討論雙方意見不同的部分。而要先反覆強調雙方一致認同的事項，學會從「你的哪些方面我很認同」「在這裡我們是一致的」開始對話。

(2) 認真體會他人立場

一位哲人說過：「我們只有用放大鏡來看自己的錯誤，用相反的方法去對待別人的錯誤，才能對自己和別人的錯誤有一個比較公正的評價。」這句話的意思是說，一般人都會覺得自己沒錯，有問題的是別人。

所以，在說「不」之前，我們應該放下自己，以客觀的角度，去評價與體會要拒絕的事是否有理，並且認真傾聽對方的觀點和感受，設身處地理解對方的立場。之後，再真誠地與之交換意見，找到雙贏的可行方案。

4. 對愛面子的他，婉轉地說不

美國心理學家瑞克・羅賓森（Rick Robinson）教授曾說過一段很有啟示的話：「人有時會很自然地改變自己的看法，但是如果有人當眾說他錯了，他會惱羞成怒，會更加固執己見，甚至會全心全意地去維護自己的看法。這不

是因為那個看法本身多麼珍貴，而是因為他的自尊心受到了威脅。」

對於那些很愛面子的人來說，我們一定要婉轉地說「不」。這能照顧到對方的面子、情緒和自尊心，給對方有台階下，同時也能提醒自己說話的語氣和表情。在絕大多數不涉及原則性的問題面前，關注感受，遠遠比關注對錯，更能讓我們把事情順利地推向期待的結果。

5. 對興頭上的他，等等再說不

新郎想在新婚大喜日，開著跑車去接新娘，帥氣又拉風，沒想到父母卻極力反對。

「你才拿了幾天駕照，技術還不熟練，不能自己開！」

「禮車是租的，撞壞了很麻煩，不行！」

新郎被迎頭澆了一盆冷水，憋了一肚子的氣。大喜的事，卻少了大喜的心情。

別人在興頭上的時候，如果不是逼不得已，有些事可以緩緩再說。就上面的例子來說，從想開跑車到真的開上路，還有一大段差距。父母就算心裡拒絕，但表面上可以先不作回應，等對方興頭過了再一起理性探討，說不定最

後是本人覺得不妥而放棄了。

　　拒絕，不一定要追求立竿見影，也可以等待時機，再隨機應變。

6. 侵犯權益的事，直接說不

　　對於明顯侵犯自己的權益、觸碰底線和原則的事情，要敢於直接說不。直接並不一定意味要到捶胸頓足的地步，平和的表達、嚴肅的表情、堅定的肢體語言或無聲的沉默，都能有效地傳遞出拒絕的力量。

　　例外的情況是，某些侵犯事件不適宜直接表達，例如網路毀謗、校園霸凌、辦公室欺凌……等等。這時候我們要果斷地求助師長、主管、組織，甚至司法途徑，尋求有效的保護。

設置界限的刻意練習

以下的界限刻度中，完全妥協為 0，完全拒絕為 10。

步驟 1：請選擇一件令你困擾已久，且無法勇敢說「不」的事，用以下的界限刻度，依程度標示出分數。

步驟 2：請描述在步驟 1 的事件中，分數 1 到 10 分別代表什麼狀態，以及自己可能的表現。

0　1　2　3　4　5　6　7　8　9　10

↑　　　　　　　　　　　　　　　　↑
完全妥協　　　　　　　　　　　　完全拒絕

_____

_____

_____

_____

_____

國家圖書館出版品預行編目（CIP）資料

華頓商學院必學 衝突教練の說話課：學會14個高EQ溝通
技巧，用一分鐘讓全世界都聽你的！／張心悅著. -- 新北
市：大樂文化有限公司，2023.03
192面；14.8×21公分（優渥叢書BUSINESS；87）
ISBN 978-626-7148-47-1（平裝）
1. 說話藝術　2. 溝通技巧　3. 口才
192.32　　　　　　　　　　　　　　　　112002298

BUSINESS 087

華頓商學院必學 衝突教練の說話課
學會14個高EQ溝通技巧，用一分鐘讓全世界都聽你的！

作　　者／張心悅
封面設計／蕭壽佳
內頁排版／王信中
責任編輯／林育如
主　　編／皮海屏
發行專員／孫家豪
發行主任／鄭羽希
財務經理／陳碧蘭
發行經理／高世權
總編輯、總經理／蔡連壽
出 版 者／大樂文化有限公司（優渥誌）
　　　　　地址：220新北市板橋區文化路一段268號18樓之一
　　　　　電話：（02）2258-3656
　　　　　傳真：（02）2258-3660
詢問購書相關資訊請洽：2258-3656
郵政劃撥帳號／50211045　戶名／大樂文化有限公司

香港發行／豐達出版發行有限公司
地址：香港柴灣永泰道70號柴灣工業城2期1805室
電話：852-2172 6513　傳真：852-2172 4355

法律顧問／第一國際法律事務所余淑杏律師
印　　刷／韋懋實業有限公司

出版日期／2023年3月27日
定　　價／260元（缺頁或損毀的書，請寄回更換）
I S B N　978-626-7148-47-1